教務手帳
幼児の記録

年度

園　名 _____

所在地 _____

組　名 _____

担任氏名 _____

すずき出版

も　く　じ

本書のねらい・本園の教育目標 …………… 3

行事予定　　2月～3月 ………………… 4
　　　　　　4月～5月 ………………… 5
　　　　　　6月～7月 ………………… 6
　　　　　　8月～9月 ………………… 7
　　　　　　10月～11月 ……………… 8
　　　　　　12月～1月 ………………… 9
　　　　　　2月～3月 ………………… 10
　　　　　　4月～5月 ………………… 11

学級一覧表 ……………………………… 12

幼児一覧表 ……………………………… 14

出欠一覧表　　1学期 …………………… 18
　　　　　　　2学期 …………………… 20
　　　　　　　3学期 …………………… 22

身体測定の記録　4月～9月 …………… 24
　　　　　　　　10月～3月 …………… 26

健康診断の記録 ………………………… 28

〈　　〉の記録 ………………………… 30

指導上参考となる事項
　　　健　　康1 ………………………… 34
　　　健　　康2 ………………………… 36
　　　健　　康3 ………………………… 38
　　　人間関係1 ………………………… 40
　　　人間関係2 ………………………… 42
　　　人間関係3 ………………………… 44
　　　環　　境1 ………………………… 46
　　　環　　境2 ………………………… 48
　　　環　　境3 ………………………… 50

　　　言　　葉1 ………………………… 52
　　　言　　葉2 ………………………… 54
　　　言　　葉3 ………………………… 56
　　　表　　現1 ………………………… 58
　　　表　　現2 ………………………… 60
　　　表　　現3 ………………………… 62
　　　　（予備） ………………………… 64

指導の記録 ……………………………… 68

個人記録 ………………………………… 72

予備の記録 ……………………………… 146

メ　モ …………………………………… 152

住所録 …………………………………… 154

教育基本法 ……………………………… 155

学校教育法(抄) ………………………… 158

学校教育法施行規則(抄) ……………… 159

幼稚園教育要領 ………………………… 160

幼稚園及び特別支援学校幼稚部における
指導要録の改善について（通知）……… 170

指導要録の送付について ……………… 173

表簿の記入方法について ……………… 174

出欠の記録についての参考事項 ……… 176

本書のねらい

幼稚園教育要領が改訂されました。平成30年度より施行の幼稚園教育要領においても引き続き「幼児一人一人の特性に応じ、発達の課題に即した指導を行うようにすること」等が強調されています。

そして、**幼稚園幼児指導要録**も改訂され、**指導に関する記録**については「各領域のねらいを視点として、当該幼児の実情から向上が著しいと思われるもの」を記録するとともに、最終学年の記録については、「幼児期の終わりまでに育ってほしい姿」を活用して相互総合的に記入。つまり、幼稚園教育においては、一人一人の幼児の姿を的確にとらえることが何より重視されているのです。

そのためには、一人一人の幼児の園における生活や遊びの傾向、行動等を記録することが必要です。しかしながら、記録するためには、いつ、何を、どのように記録するか、また、それぞれの指導の重点や留意点などとの関連が必要となります。

この手帳はこうした幼稚園教育と、幼児指導要録のために一人一人の幼児の記録が適切に書き込めるように工夫されたものです。

日々の保育の充実のために生かされることを期待しています。

なお、幼児指導要録の記入の実際については、(公財)幼少年教育研究所編「**幼稚園幼児指導要録 記入の実際と用語例**」をご参照ください。

本園の教育目標

行事予定表

2月			3月		
日	曜	行 事 予 定	日	曜	行 事 予 定
1			1		
2			2		
3		節分(前後)	3		ひな祭り
4		立春(前後)	4		
5			5		
6			6		
7			7		
8			8		
9			9		
10			10		
11		建国記念の日	11		
12			12		
13			13		
14			14		
15		涅槃会(ねはんえ)	15		
16			16		
17			17		
18			18		
19			19		
20			20		
21			21		春分の日(前後)
22			22		
23		天皇誕生日	23		
24			24		
25			25		
26			26		
27			27		
28		火災予防週間(前後)	28		
29			29		
30			30		
31			31		

行事予定表

※祝日及び祝日名は、法改正などにより、一部変更になる場合があります。

4月		
日	曜	行 事 予 定
1		
2		
3		
4		
5		
6		
7		
8		花祭り
9		
10		
11		
12		
13		
14		
15		
16		
17		
18		
19		
20		
21		
22		
23		
24		
25		
26		
27		
28		
29		昭和の日
30		
31		

5月		
母の日（第2日曜日）		
日	曜	行 事 予 定
1		メーデー
2		
3		憲法記念日
4		みどりの日
5		こどもの日
6		
7		
8		
9		
10		愛鳥週間
11		
12		
13		
14		
15		
16		
17		
18		
19		
20		
21		
22		
23		
24		
25		
26		
27		
28		
29		
30		
31		

行事予定表

日	曜	行　事　予　定	日	曜	行　事　予　定
\multicolumn{3}{c}{6月}	\multicolumn{3}{c}{7月}

日	曜	行　事　予　定	日	曜	行　事　予　定
		6月　父の日（第3日曜日）			7月　海の日（第3月曜日）
1			1		
2			2		
3			3		
4		歯の衛生週間	4		
5			5		
6			6		
7			7		たなばた祭り
8			8		
9			9		
10		時の記念日	10		
11			11		
12			12		
13			13		
14			14		
15			15		お盆
16			16		
17			17		
18			18		
19			19		
20			20		
21		夏至（前後）	21		
22			22		
23			23		
24			24		
25			25		
26			26		
27			27		
28			28		
29			29		
30			30		
31			31		

行事予定表

※祝日及び祝日名は、法改正などにより、一部変更になる場合があります。

\	8月		\	9月 十五夜(陰暦8月15日)・敬老の日(第3月曜日)	
日	曜	行　事　予　定	日	曜	行　事　予　定
1			1		
2			2		
3			3		
4			4		
5			5		
6			6		
7			7		
8		立秋(前後)	8		
9			9		
10			10		
11		山の日	11		
12			12		
13			13		
14			14		
15		終戦記念日	15		
16			16		
17			17		
18			18		
19			19		
20			20		動物愛護週間
21			21		
22			22		
23			23		秋分の日(前後)
24			24		
25			25		
26			26		
27			27		
28			28		
29			29		
30			30		
31			31		

行事予定表

日	曜	行　事　予　定	日	曜	行　事　予　定
		10月			**11月**
		体育の日（第2月曜日）			
1			1		
2			2		
3			3		文化の日
4			4		
5			5		
6			6		
7			7		
8			8		立冬（前後）
9			9		
10			10		
11			11		
12			12		
13			13		
14			14		
15			15		七・五・三
16			16		
17			17		
18			18		
19			19		
20			20		
21			21		
22			22		
23			23		勤労感謝の日
24			24		
25			25		
26			26		
27		読書週間	27		
28			28		
29			29		
30			30		
31			31		

行事予定表

※祝日及び祝日名は、法改正などにより、一部変更になる場合があります。

	12月			1月 成人の日（第2月曜日）	
日	曜	行 事 予 定	日	曜	行 事 予 定
1			1		元日
2			2		
3			3		
4			4		
5			5		
6			6		
7			7		七草
8		成道会(じょうどうえ)	8		
9			9		
10			10		
11			11		
12			12		
13			13		
14			14		
15			15		
16			16		
17			17		
18			18		
19			19		
20			20		
21			21		
22		冬至(前後)	22		
23			23		
24			24		
25		クリスマス	25		
26			26		
27			27		
28			28		
29			29		
30			30		
31		大みそか	31		

行事予定表

日	曜	行　事　予　定	日	曜	行　事　予　定
\multicolumn{3}{c}{2月}	\multicolumn{3}{c}{3月}

日	曜	行　事　予　定	日	曜	行　事　予　定
1			1		
2			2		
3		節分(前後)	3		ひな祭り
4		立春(前後)	4		
5			5		
6			6		
7			7		
8			8		
9			9		
10			10		
11		建国記念の日	11		
12			12		
13			13		
14			14		
15		涅槃会(ねはんえ)	15		
16			16		
17			17		
18			18		
19			19		
20			20		
21			21		春分の日(前後)
22			22		
23		天皇誕生日	23		
24			24		
25			25		
26			26		
27			27		
28		火災予防週間(前後)	28		
29			29		
30			30		
31			31		

行事予定表

※祝日及び祝日名は、法改正などにより、一部変更になる場合があります。

4月		
日	曜	行　事　予　定
1		
2		
3		
4		
5		
6		
7		
8		花祭り
9		
10		
11		
12		
13		
14		
15		
16		
17		
18		
19		
20		
21		
22		
23		
24		
25		
26		
27		
28		
29		昭和の日
30		
31		

5月		
		母の日（第2日曜日）
日	曜	行　事　予　定
1		メーデー
2		
3		憲法記念日
4		みどりの日
5		こどもの日
6		
7		
8		
9		
10		愛鳥週間
11		
12		
13		
14		
15		
16		
17		
18		
19		
20		
21		
22		
23		
24		
25		
26		
27		
28		
29		
30		
31		

学級一覧表

	在籍数			異動月日	転退園児名	転入園児名	事由	備考
	男	女	計					
在籍数と異動								

	月	園児名(男)	園児名(女)	月	園児名(男)	園児名(女)
誕生日	4			10		
	5			11		
	6			12		
	7			1		
	8			2		
	9			3		

地域別人数	地域名	人数	地域名	人数

PTA役員	氏　名	住　　所　　（電話）	備　考

クラスのグループを書くなど、自由にお使いください。

幼児一覧表

氏　　　名	生年月日	保護者氏名	緊急連絡先
	・　・		
	・　・		
	・　・		
	・　・		
	・　・		
	・　・		
	・　・		
	・　・		
	・　・		
	・　・		
	・　・		
	・　・		
	・　・		
	・　・		
	・　・		
	・　・		
	・　・		
	・　・		
	・　・		
	・　・		
	・　・		
	・　・		
	・　・		
	・　・		
	・　・		
	・　・		

現　住　所	自　宅　電　話	携　帯　アドレス	備　　考

幼児一覧表

氏　　　名	生年月日	保護者氏名	緊　急　連　絡　先
	・　・		
	・　・		
	・　・		
	・　・		
	・　・		
	・　・		
	・　・		
	・　・		
	・　・		
	・　・		
	・　・		
	・　・		
	・　・		
	・　・		
	・　・		
	・　・		
	・　・		
	・　・		
	・　・		
	・　・		
	・　・		
	・　・		
	・　・		
	・　・		
	・　・		
	・　・		

現　住　所	自 宅 電 話	携 帯 アドレス	備　考

出欠一覧表〈1学期〉

（　）内には教育日数、備考欄には欠席理由などを記入します。

	月	4 月（　日）					5 月（　日）					6 月（　日）				
	項　目	停忌日数	止引日数	出席すべき日数	欠席日数	出席日数	備　考	停忌日数	止引日数	出席すべき日数	欠席日数	出席日数	備　考	停忌日数	止引日数	出席すべき日数	欠席日数	出席日数	備　考
1																			
2																			
3																			
4																			
5																			
6																			
7																			
8																			
9																			
10																			
11																			
12																			
13																			
14																			
15																			
16																			
17																			
18																			
19																			
20																			
21																			
22																			
23																			
24																			
25																			
26																			
27																			
28																			
29																			
30																			
31																			
32																			
33																			
34																			
35																			

教育日数−出席停止・忌引等の日数＝出席すべき日数　出席すべき日数−欠席日数＝出席日数

7　月　（　　日）						8　月　（　　日）											
停止忌引日数	出席すべき日数	欠席日数	出席日数	備　考		停止忌引日数	出席すべき日数	欠席日数	出席日数	備　考		停止忌引日数	出席すべき日数	欠席日数	出席日数	備　考	
					1												
					2												
					3												
					4												
					5												
					6												
					7												
					8												
					9												
					10												
					11												
					12												
					13												
					14												
					15												
					16												
					17												
					18												
					19												
					20												
					21												
					22												
					23												
					24												
					25												
					26												
					27												
					28												
					29												
					30												
					31												
					32												
					33												
					34												
					35												

出欠一覧表 〈2学期〉

( ) 内には教育日数、備考欄には欠席理由などを記入します。

月 項目	9月(日)					10月(日)					11月(日)				
	停忌日	止引日数	出席すべき日数	欠席日数	出席日数	備考	停忌日	止引日数	出席すべき日数	欠席日数	出席日数	備考	停忌日	止引日数	出席すべき日数	欠席日数	出席日数	備考

(20)

教育日数−出席停止・忌引等の日数＝出席すべき日数　出席すべき日数−欠席日数＝出席日数

12 月（　日）					月（　日）					月（　日）				
停止忌引日数	出席すべき日数	欠席日数	出席日数	備考	停止忌引日数	出席すべき日数	欠席日数	出席日数	備考	停止忌引日数	出席すべき日数	欠席日数	出席日数	備考

出欠一覧表 〈3学期〉

( )内には教育日数、備考欄には欠席理由などを記入します。

月	1 月 (日)						2 月 (日)						3 月 (日)					
項目	停忌日	止引日数	出席すべき日数	欠席日数	出席日数	備考	停忌日	止引日数	出席すべき日数	欠席日数	出席日数	備考	停忌日	止引日数	出席すべき日数	欠席日数	出席日数	備考

教育日数－出席停止・忌引等の日数＝出席すべき日数　出席すべき日数－欠席日数＝出席日数

停止忌引日数	出席すべき日数	欠席日数	出席日数	備考	年度合計（　　　日）					
					停止忌引日数	出席すべき日数	欠席日数	出席日数	備　考	
										1
										2
										3
										4
										5
										6
										7
										8
										9
										10
										11
										12
										13
										14
										15
										16
										17
										18
										19
										20
										21
										22
										23
										24
										25
										26
										27
										28
										29
										30
										31
										32
										33
										34
										35

身体測定の記録

身長、体重については P177 を参照

測定日	4 月　　日			5 月　　日			6 月　　日		
項　目	身　長 cm	体　重 kg	胸　囲 cm	身　長 cm	体　重 kg	胸　囲 cm	身　長 cm	体　重 kg	胸　囲 cm

7 月　　日		8 月　　日		9 月　　日		
身　長 cm	体　重 kg	身　長 cm	体　重 kg	身　長 cm	体　重 kg	
						1
						2
						3
						4
						5
						6
						7
						8
						9
						10
						11
						12
						13
						14
						15
						16
						17
						18
						19
						20
						21
						22
						23
						24
						25
						26
						27
						28
						29
						30
						31
						32
						33
						34
						35

身体測定の記録

身長、体重についてはP177を参照

測定日	10 月　　日		11 月　　日		12 月　　日	
項 目	身　長 cm	体　重 kg	身　長 cm	体　重 kg	身　長 cm	体　重 kg

1 月　　日		2 月　　日		3 月　　日		
身　長 cm	体　重 kg	身　長 cm	体　重 kg	身　長 cm	体　重 kg	
						1
						2
						3
						4
						5
						6
						7
						8
						9
						10
						11
						12
						13
						14
						15
						16
						17
						18
						19
						20
						21
						22
						23
						24
						25
						26
						27
						28
						29
						30
						31
						32
						33
						34
						35

健康診断の記録 （記入方法についてはP174を参照のこと。但し、本表は略号等で記入してよい。）

栄養状態	せき柱	胸郭	眼				耳鼻咽頭			皮膚疾患	歯		
			視力		色覚	疾病異常	聴力		疾患		う歯		歯疾
			右	左			右	左			処置	未処置	
			( )	( )									
			( )	( )									
			( )	( )									
			( )	( )									
			( )	( )									
			( )	( )									
			( )	( )									
			( )	( )									
			( )	( )									
			( )	( )									
			( )	( )									
			( )	( )									
			( )	( )									
			( )	( )									
			( )	( )									
			( )	( )									
			( )	( )									
			( )	( )									
			( )	( )									
			( )	( )									
			( )	( )									
			( )	( )									
			( )	( )									
			( )	( )									
			( )	( )									
			( )	( )									
			( )	( )									
			( )	( )									
			( )	( )									
			( )	( )									
			( )	( )									
			( )	( )									
			( )	( )									

口腔の疾病等	心臓の疾病等	尿		四肢の状態	その他の疾病等	園医・園歯科医　所見　指導事項	事後措置	備　考	
		たん白一次	その他の検査						
									1
									2
									3
									4
									5
									6
									7
									8
									9
									10
									11
									12
									13
									14
									15
									16
									17
									18
									19
									20
									21
									22
									23
									24
									25
									26
									27
									28
									29
									30
									31
									32
									33
									34
									35

〈　　　　　〉の記録　　　　　このページは自由に活用してください。

e.g. 運動能力測定の記録、諸費徴収 etc.

〈　　　　　　　〉の記録　　　　　このページは自由に活用してください。

e.g. 運動能力測定の記録、諸費徴収 etc.

指導上参考となる事項

ねらい（発達を捉える視点）	健　康1　明るく伸び伸びと行動し、充実感を味わう。											
月　日	/	/	/	/	/	/	/	/	/	/	/	/

指導上参考となる事項

ねらい（発達を捉える視点）	健康2　自分の体を十分に動かし、進んで運動しようとする。											
月　日	／	／	／	／	／	／	／	／	／	／	／	／

指導上参考となる事項

ねらい (発達を捉える視点)	健康 3 健康、安全な生活に必要な習慣や態度を身に付け、											
月　日	/	/	/	/	/	/	/	/	/	/	/	/

見通しをもって行動する。

指導上参考となる事項

ねらい (発達を捉える視点)	人間関係1　幼稚園生活を楽しみ、自分の力で行動することの充実感を味わう。											
月　日	／	／	／	／	／	／	／	／	／	／	／	／

指導上参考となる事項

ねらい (発達を捉える視点)	人間関係2　身近な人と親しみ、関わりを深め、工夫したり、											
月　日	/	/	/	/	/	/	/	/	/	/	/	/

協力したりして一緒に活動する楽しさを味わい、愛情や信頼感をもつ。

指導上参考となる事項

ねらい(発達を捉える視点)	人間関係3　社会生活における望ましい習慣や態度を身に付ける。											
月　日	/	/	/	/	/	/	/	/	/	/	/	/

指導上参考となる事項

ねらい (発達を捉える視点)	環　境 1　身近な環境に親しみ、自然と触れ会う中で様々な事象に		
月　日	/ / / /	/ / / /	/ / / /

(46)

興味や関心をもつ。

指導上参考となる事項

ねらい(発達を捉える視点)	環境2　身近な環境に自分からかかわり、発見を楽しんだり、											
月　日	/	/	/	/	/	/	/	/	/	/	/	/

考えたりし、それを生活に取り入れようとする。

指導上参考となる事項

ねらい（発達を捉える視点）	環　境 3　身近な事象を見たり、考えたり、扱ったりする中で、											
月　日	／	／	／	／	／	／	／	／	／	／	／	／

物の性質や数量、文字などに対する感覚を豊かにする。

指導上参考となる事項

ねらい (発達を捉える視点)	言　葉1　自分の気持ちを言葉で表現する楽しさを味わう。											
月　日	/	/	/	/	/	/	/	/	/	/	/	/

指導上参考となる事項

ねらい (発達を捉える視点)	言　葉2　人の言葉や話などをよく聞き、自分の経験したことや考えたことを											
月　日	/	/	/	/	/	/	/	/	/	/	/	/

話し、伝え合う喜びを味わう。

ねらい（発達を捉える視点）	指導上参考となる事項 言　葉3　日常生活に必要な言葉が分かるようになるとともに、絵本や物語											
月　日	／	／	／	／	／	／	／	／	／	／	／	／

などに親しみ、言葉に対する感覚を豊かにし、先生や友達と心を通わせる。

指導上参考となる事項

ねらい(発達を捉える視点)	表現1　いろいろなものの美しさなどに対する豊かな感性をもつ。		
月　　日	/ / / /	/ / / /	/ / / /

指導上参考となる事項

ねらい（発達を捉える視点）	表現2 感じたことや考えたことを自分なりに表現して楽しむ。											
月　日	／	／	／	／	／	／	／	／	／	／	／	／

指導上参考となる事項

ねらい (発達を捉える視点)	表現3 生活の中でイメージを豊かにし、様々な表現を楽しむ。											
月　日	／	／	／	／	／	／	／	／	／	／	／	／

指導上参考となる事項

ねらい（発達を捉える視点）												
月　日	／	／	／	／	／	／	／	／	／	／	／	／

ねらい (発達を捉える視点)	指導上参考となる事項											
月　日	/	/	/	/	/	/	/	/	/	/	/	/

指導上参考となる事項

指導の記録

様々な活動のチェックリストとしてお使いください。

指導の ねらい						

指導の記録

様々な活動のチェックリストとしてお使いください。

指導の ねらい							

個人記録　　　氏 名

月日	行動の記録・指導に対する反省及び評価	月日	行動の記録・指導に対する反省及び評価

	比較的好ましい傾向など
具体的な興味や関心	
遊びの傾向	
生活への取り組み方	
健康の状況	

学年の重点	
個人の重点	

月日	行動の記録・指導に対する反省及び評価	月日	家庭との連携

メ モ

個人記録　　氏名

月日	行動の記録・指導に対する反省及び評価	月日	行動の記録・指導に対する反省及び評価

	比較的好ましい傾向など
具体的な興味や関心	
遊びの傾向	
生活への取り組み方	
健康の状況	

学年の重点
個人の重点

月日	行動の記録・指導に対する反省及び評価	月日	家庭との連携

メ モ

個人記録　　　氏　名

月日	行動の記録・指導に対する反省及び評価	月日	行動の記録・指導に対する反省及び評価

	比較的好ましい傾向など
具体的な興味や関心	
遊びの傾向	
生活への取り組み方	
健康の状況	

学年の重点	
個人の重点	

月日	行動の記録・指導に対する反省及び評価	月日	家庭との連携

メ　モ

個人記録

氏 名

月日	行動の記録・指導に対する反省及び評価	月日	行動の記録・指導に対する反省及び評価

	比較的好ましい傾向など
具体的な興味や関心	
遊びの傾向	
生活への取り組み方	
健康の状況	

学年の重点	
個人の重点	

月日	行動の記録・指導に対する反省及び評価	月日	家庭との連携

メ モ

個人記録　　氏名

月日	行動の記録・指導に対する反省及び評価	月日	行動の記録・指導に対する反省及び評価

	比較的好ましい傾向など
具体的な興味や関心	
遊びの傾向	
生活への取り組み方	
健康の状況	

学年の重点	
個人の重点	

月日	行動の記録・指導に対する反省及び評価	月日	家庭との連携

メ モ

個人記録　　　氏　名

月日	行動の記録・指導に対する反省及び評価	月日	行動の記録・指導に対する反省及び評価

	比較的好ましい傾向など
具体的な興味や関心	
遊びの傾向	
生活への取り組み方	
健康の状況	

学年の重点	
個人の重点	

月日	行動の記録・指導に対する反省及び評価	月日	家庭との連携

メモ

個人記録　　氏 名

月日	行動の記録・指導に対する反省及び評価	月日	行動の記録・指導に対する反省及び評価

	比較的好ましい傾向など
具体的な興味や関心	
遊びの傾向	
生活への取り組み方	
健康の状況	

学年の重点
個人の重点

月日	行動の記録・指導に対する反省及び評価	月日	家 庭 と の 連 携

メ　　　モ

個人記録　　氏名

月日	行動の記録・指導に対する反省及び評価	月日	行動の記録・指導に対する反省及び評価

	比較的好ましい傾向など
具体的な興味や関心	
遊びの傾向	
生活への取り組み方	
健康の状況	

学年の重点	
個人の重点	

月日	行動の記録・指導に対する反省及び評価	月日	家庭との連携

メモ

個人記録　　氏名

月日	行動の記録・指導に対する反省及び評価	月日	行動の記録・指導に対する反省及び評価

	比較的好ましい傾向など
具体的な興味や関心	
遊びの傾向	
生活への取り組み方	
健康の状況	

学年の重点	
個人の重点	

月日	行動の記録・指導に対する反省及び評価	月日	家 庭 と の 連 携

メ モ

個人記録　　　　氏　名

月日	行動の記録・指導に対する反省及び評価	月日	行動の記録・指導に対する反省及び評価

	比較的好ましい傾向など
具体的な興味や関心	
遊びの傾向	
生活への取り組み方	
健康の状況	

学年の重点
個人の重点

月日	行動の記録・指導に対する反省及び評価	月日	家 庭 と の 連 携

メ　　　モ

(91)

個人記録　　　氏　名

月日	行動の記録・指導に対する反省及び評価	月日	行動の記録・指導に対する反省及び評価

	比較的好ましい傾向など
具体的な興味や関心	
遊びの傾向	
生活への取り組み方	
健康の状況	

学年の重点	
個人の重点	

月日	行動の記録・指導に対する反省及び評価	月日	家庭との連携

メ　モ

個人記録　　氏名

月日	行動の記録・指導に対する反省及び評価	月日	行動の記録・指導に対する反省及び評価

	比較的好ましい傾向など
具体的な興味や関心	
遊びの傾向	
生活への取り組み方	
健康の状況	

学年の重点	
個人の重点	

月日	行動の記録・指導に対する反省及び評価	月日	家庭との連携

メモ

個人記録　　氏 名

月日	行動の記録・指導に対する反省及び評価	月日	行動の記録・指導に対する反省及び評価

	比較的好ましい傾向など
具体的な興味や関心	
遊びの傾向	
生活への取り組み方	
健康の状況	

学年の重点	
個人の重点	

月日	行動の記録・指導に対する反省及び評価	月日	家庭との連携

メ　モ

個人記録　　　氏　名

月日	行動の記録・指導に対する反省及び評価	月日	行動の記録・指導に対する反省及び評価

	比較的好ましい傾向など
具体的な興味や関心	
遊びの傾向	
生活への取り組み方	
健康の状況	

学年の重点	
個人の重点	

月日	行動の記録・指導に対する反省及び評価	月日	家 庭 と の 連 携

メ モ

個人記録　　氏名

月日	行動の記録・指導に対する反省及び評価	月日	行動の記録・指導に対する反省及び評価

	比較的好ましい傾向など
具体的な興味や関心	
遊びの傾向	
生活への取り組み方	
健康の状況	

学年の重点	
個人の重点	

月日	行動の記録・指導に対する反省及び評価	月日	家 庭 と の 連 携

メ モ

個人記録　　氏名

月日	行動の記録・指導に対する反省及び評価	月日	行動の記録・指導に対する反省及び評価

	比較的好ましい傾向など
具体的な興味や関心	
遊びの傾向	
生活への取り組み方	
健康の状況	

学年の重点	
個人の重点	

月日	行動の記録・指導に対する反省及び評価	月日	家庭との連携

メ　モ

個人記録　　　氏名

月日	行動の記録・指導に対する反省及び評価	月日	行動の記録・指導に対する反省及び評価

	比較的好ましい傾向など
具体的な興味や関心	
遊びの傾向	
生活への取り組み方	
健康の状況	

学年の重点	
個人の重点	

月日	行動の記録・指導に対する反省及び評価	月日	家庭との連携

メ モ

個人記録　　氏名

月日	行動の記録・指導に対する反省及び評価	月日	行動の記録・指導に対する反省及び評価

	比較的好ましい傾向など
具体的な興味や関心	
遊びの傾向	
生活への取り組み方	
健康の状況	

学年の重点	
個人の重点	

月日	行動の記録・指導に対する反省及び評価	月日	家庭との連携

メ　モ

個人記録

氏 名

月日	行動の記録・指導に対する反省及び評価	月日	行動の記録・指導に対する反省及び評価

	比較的好ましい傾向など
具体的な興味や関心	
遊びの傾向	
生活への取り組み方	
健康の状況	

学年の重点
個人の重点

月日	行動の記録・指導に対する反省及び評価	月日	家 庭 と の 連 携

メ モ

個人記録　　氏名

月日	行動の記録・指導に対する反省及び評価	月日	行動の記録・指導に対する反省及び評価

	比較的好ましい傾向など
具体的な興味や関心	
遊びの傾向	
生活への取り組み方	
健康の状況	

学年の重点	
個人の重点	

月日	行動の記録・指導に対する反省及び評価	月日	家庭との連携

メモ

個人記録

氏 名

月日	行動の記録・指導に対する反省及び評価	月日	行動の記録・指導に対する反省及び評価

	比較的好ましい傾向など
具体的な興味や関心	
遊びの傾向	
生活への取り組み方	
健康の状況	

学年の重点	
個人の重点	

月日	行動の記録・指導に対する反省及び評価	月日	家庭との連携

メモ

個人記録　　氏　名

月日	行動の記録・指導に対する反省及び評価	月日	行動の記録・指導に対する反省及び評価

	比較的好ましい傾向など
具体的な興味や関心	
遊びの傾向	
生活への取り組み方	
健康の状況	

学年の重点
個人の重点

月日	行動の記録・指導に対する反省及び評価	月日	家庭との連携

メモ

個人記録　　氏名

月日	行動の記録・指導に対する反省及び評価	月日	行動の記録・指導に対する反省及び評価

	比較的好ましい傾向など
具体的な興味や関心	
遊びの傾向	
生活への取り組み方	
健康の状況	

学年の重点	
個人の重点	

月日	行動の記録・指導に対する反省及び評価	月日	家庭との連携

メ　　　モ

個人記録　　氏名

月日	行動の記録・指導に対する反省及び評価	月日	行動の記録・指導に対する反省及び評価

	比較的好ましい傾向など
具体的な興味や関心	
遊びの傾向	
生活への取り組み方	
健康の状況	

学年の重点	
個人の重点	

月日	行動の記録・指導に対する反省及び評価	月日	家庭との連携

メ モ

個人記録　　氏　名

月日	行動の記録・指導に対する反省及び評価	月日	行動の記録・指導に対する反省及び評価

	比較的好ましい傾向など
具体的な興味や関心	
遊びの傾向	
生活への取り組み方	
健康の状況	

学年の重点
個人の重点

月日	行動の記録・指導に対する反省及び評価	月日	家 庭 と の 連 携

メ　モ

個人記録　　　氏　名

月日	行動の記録・指導に対する反省及び評価	月日	行動の記録・指導に対する反省及び評価

	比較的好ましい傾向など
具体的な興味や関心	
遊びの傾向	
生活への取り組み方	
健康の状況	

学年の重点	
個人の重点	

月日	行動の記録・指導に対する反省及び評価	月日	家庭との連携

メモ

個人記録　氏　名

月日	行動の記録・指導に対する反省及び評価	月日	行動の記録・指導に対する反省及び評価

	比較的好ましい傾向など
具体的な興味や関心	
遊びの傾向	
生活への取り組み方	
健康の状況	

学年の重点	
個人の重点	

月日	行動の記録・指導に対する反省及び評価	月日	家庭との連携

メ　モ

個人記録　　氏名

月日	行動の記録・指導に対する反省及び評価	月日	行動の記録・指導に対する反省及び評価

	比較的好ましい傾向など
具体的な興味や関心	
遊びの傾向	
生活への取り組み方	
健康の状況	

(126)

学年の重点	
個人の重点	

月日	行動の記録・指導に対する反省及び評価	月日	家 庭 と の 連 携

メ　　　モ

個人記録　　氏 名

月日	行動の記録・指導に対する反省及び評価	月日	行動の記録・指導に対する反省及び評価

	比較的好ましい傾向など
具体的な興味や関心	
遊びの傾向	
生活への取り組み方	
健康の状況	

学年の重点	
個人の重点	

月日	行動の記録・指導に対する反省及び評価	月日	家庭との連携

メ　モ

個人記録

氏 名

月日	行動の記録・指導に対する反省及び評価	月日	行動の記録・指導に対する反省及び評価

	比較的好ましい傾向など
具体的な興味や関心	
遊びの傾向	
生活への取り組み方	
健康の状況	

学年の重点	
個人の重点	

月日	行動の記録・指導に対する反省及び評価	月日	家 庭 と の 連 携

メ モ

個人記録　　　氏　名

月日	行動の記録・指導に対する反省及び評価	月日	行動の記録・指導に対する反省及び評価

	比較的好ましい傾向など
具体的な興味や関心	
遊びの傾向	
生活への取り組み方	
健康の状況	

学年の重点	
個人の重点	

月日	行動の記録・指導に対する反省及び評価	月日	家庭との連携

メ モ

個人記録　　　氏 名

月日	行動の記録・指導に対する反省及び評価	月日	行動の記録・指導に対する反省及び評価

	比較的好ましい傾向など
具体的な興味や関心	
遊びの傾向	
生活への取り組み方	
健康の状況	

学年の重点	
個人の重点	

月日	行動の記録・指導に対する反省及び評価	月日	家庭との連携

メモ

個人記録　　氏名

月日	行動の記録・指導に対する反省及び評価	月日	行動の記録・指導に対する反省及び評価

	比較的好ましい傾向など
具体的な興味や関心	
遊びの傾向	
生活への取り組み方	
健康の状況	

学年の重点
個人の重点

月日	行動の記録・指導に対する反省及び評価	月日	家庭との連携

メモ

個人記録　　　氏名

月日	行動の記録・指導に対する反省及び評価	月日	行動の記録・指導に対する反省及び評価

	比較的好ましい傾向など
具体的な興味や関心	
遊びの傾向	
生活への取り組み方	
健康の状況	

学年の重点	
個人の重点	

月日	行動の記録・指導に対する反省及び評価	月日	家 庭 と の 連 携

メ　　　　モ

個人記録　氏名

月日	行動の記録・指導に対する反省及び評価	月日	行動の記録・指導に対する反省及び評価

	比較的好ましい傾向など
具体的な興味や関心	
遊びの傾向	
生活への取り組み方	
健康の状況	

学年の重点
個人の重点

月日	行動の記録・指導に対する反省及び評価	月日	家庭との連携

メ　モ

(141)

個人記録　　氏 名

月日	行動の記録・指導に対する反省及び評価	月日	行動の記録・指導に対する反省及び評価

	比較的好ましい傾向など
具体的な興味や関心	
遊びの傾向	
生活への取り組み方	
健康の状況	

学年の重点
個人の重点

月日	行動の記録・指導に対する反省及び評価	月日	家庭との連携

メ　モ

個人記録　氏名

月日	行動の記録・指導に対する反省及び評価	月日	行動の記録・指導に対する反省及び評価

	比較的好ましい傾向など
具体的な興味や関心	
遊びの傾向	
生活への取り組み方	
健康の状況	

学年の重点
個人の重点

月日	行動の記録・指導に対する反省及び評価	月日	家 庭 と の 連 携

メ　　モ

予備の記録

項目／氏名	

予備の記録

項　目 / 氏　名	

予備の記録

項　目／氏　名	

予備の記録

項目 / 氏名	

予備の記録

項　目 氏　名	

予備の記録

項　目 / 氏　名	

メモ

メモ

住 所 録

氏　名	住　　　所	電　話

教育基本法（平成18年12月22日法律第120号）

　我々日本国民は、たゆまぬ努力によって築いてきた民主的で文化的な国家を更に発展させるとともに、世界の平和と人類の福祉の向上に貢献することを願うものである。

　我々は、この理想を実現するため、個人の尊厳を重んじ、真理と正義を希求し、公共の精神を尊び、豊かな人間性と創造性を備えた人間の育成を期するとともに、伝統を継承し、新しい文化の創造を目指す教育を推進する。

　ここに、我々は、日本国憲法の精神にのっとり、我が国の未来を切り拓ひらく教育の基本を確立し、その振興を図るため、この法律を制定する。

第1章　教育の目的及び理念

（教育の目的）
第1条　教育は、人格の完成を目指し、平和で民主的な国家及び社会の形成者として必要な資質を備えた心身ともに健康な国民の育成を期して行われなければならない。

（教育の目標）
第2条　教育は、その目的を実現するため、学問の自由を尊重しつつ、次に掲げる目標を達成するよう行われるものとする。
1　幅広い知識と教養を身に付け、真理を求める態度を養い、豊かな情操と道徳心を培うとともに、健やかな身体を養うこと。
2　個人の価値を尊重して、その能力を伸ばし、創造性を培い、自主及び自律の精神を養うとともに、職業及び生活との関連を重視し、勤労を重んずる態度を養うこと。
3　正義と責任、男女の平等、自他の敬愛と協力を重んずるとともに、公共の精神に基づき、主体的に社会の形成に参画し、その発展に寄与する態度を養うこと。
4　生命を尊び、自然を大切にし、環境の保全に寄与する態度を養うこと。
5　伝統と文化を尊重し、それらをはぐくんできた我が国と郷土を愛するとともに、他国を尊重し、国際社会の平和と発展に寄与する態度を養うこと。

（生涯学習の理念）
第3条　国民一人一人が、自己の人格を磨き、豊かな人生を送ることができるよう、その生涯にわたって、あらゆる機会に、あらゆる場所において学習することができ、その成果を適切に生かすことのできる社会の実現が図られなければならない。

（教育の機会均等）
第4条　すべて国民は、ひとしく、その能力に応じた教育を受ける機会を与えられなければならず、人種、信条、性別、社会的身分、経済的地位又は門地によって、教育上差別されない。
2　国及び地方公共団体は、障害のある者が、その障害の状態に応じ、十分な教育を受けられるよう、教育上必要な支援を講じなければならない。
3　国及び地方公共団体は、能力があるにもかかわらず、経済的理由によって修学が困難な者に対して、奨学の措置を講じなければならない。

第2章　教育の実施に関する基本

（義務教育）
第5条　国民は、その保護する子に、別に法律で定めるところにより、普通教育を受けさせる義務を負う。
2　義務教育として行われる普通教育は、各個人の有する能力を伸ばしつつ社会において自立的に生きる基礎を培い、また、国家及び社会の形成者として必要とされる基本的な資質を養うことを目的として行われるものとする。
3　国及び地方公共団体は、義務教育の機会を保障し、その水準を確保するため、適切な役割分担及び相互の協力の下、その実施に責任を負う。
4　国又は地方公共団体の設置する学校における義務教育については、授業料を徴収しない。

（学校教育）
第6条　法律に定める学校は、公の性質を有するものであって、国、地方公共団体及び法律に定める法人のみが、これを設置することができる。
2　前項の学校においては、教育の目標が達成されるよう、教育を受ける者の心身の発達に応じて、体系的な教育が組織的に行われなければならない。この場合において、教育を受ける者が、学校生活を営む上で必要な規律を重んずるとともに、自ら進んで学習に取り組

む意欲を高めることを重視して行われなければならない。

（大学）
第7条　大学は、学術の中心として、高い教養と専門的能力を培うとともに、深く真理を探究して新たな知見を創造し、これらの成果を広く社会に提供することにより、社会の発展に寄与するものとする。
2　大学については、自主性、自律性その他の大学における教育及び研究の特性が尊重されなければならない。

（私立学校）
第8条　私立学校の有する公の性質及び学校教育において果たす重要な役割にかんがみ、国及び地方公共団体は、その自主性を尊重しつつ、助成その他の適当な方法によって私立学校教育の振興に努めなければならない。

（教員）
第9条　法律に定める学校の教員は、自己の崇高な使命を深く自覚し、絶えず研究と修養に励み、その職責の遂行に努めなければならない。
2　前項の教員については、その使命と職責の重要性にかんがみ、その身分は尊重され、待遇の適正が期せられるとともに、養成と研修の充実が図られなければならない。

（家庭教育）
第10条　父母その他の保護者は、子の教育について第一義的責任を有するものであって、生活のために必要な習慣を身に付けさせるとともに、自立心を育成し、心身の調和のとれた発達を図るよう努めるものとする。
2　国及び地方公共団体は、家庭教育の自主性を尊重しつつ、保護者に対する学習の機会及び情報の提供その他の家庭教育を支援するために必要な施策を講ずるよう努めなければならない。

（幼児期の教育）
第11条　幼児期の教育は、生涯にわたる人格形成の基礎を培う重要なものであることにかんがみ、国及び地方公共団体は、幼児の健やかな成長に資する良好な環境の整備その他適当な方法によって、その振興に努めなければならない。

（社会教育）
第12条　個人の要望や社会の要請にこたえ、社会において行われる教育は、国及び地方公共団体によって奨励されなければならない。
2　国及び地方公共団体は、図書館、博物館、公民館その他の社会教育施設の設置、学校の施設の利用、学習の機会及び情報の提供その他の適当な方法によって社会教育の振興に努めなければならない。

（学校、家庭及び地域住民等の相互の連携協力）
第13条　学校、家庭及び地域住民その他の関係者は、教育におけるそれぞれの役割と責任を自覚するとともに、相互の連携及び協力に努めるものとする。

（政治教育）
第14条　良識ある公民として必要な政治的教養は、教育上尊重されなければならない。
2　法律に定める学校は、特定の政党を支持し、又はこれに反対するための政治教育その他政治的活動をしてはならない。

（宗教教育）
第15条　宗教に関する寛容の態度、宗教に関する一般的な教養及び宗教の社会生活における地位は、教育上尊重されなければならない。
2　国及び地方公共団体が設置する学校は、特定の宗教のための宗教教育その他宗教的活動をしてはならない。

第3章　教育行政

（教育行政）
第16条　教育は、不当な支配に服することなく、この法律及び他の法律の定めるところにより行われるべきものであり、教育行政は、国と地方公共団体との適切な役割分担及び相互の協力の下、公正かつ適正に行われなければならない。
2　国は、全国的な教育の機会均等と教育水準の維持向上を図るため、教育に関する施策を総合的に策定し、実施しなければならない。
3　地方公共団体は、その地域における教育の振興を図るため、その実情に応じた教育に関する施策を策定し、実施しなければならない。

4　国及び地方公共団体は、教育が円滑かつ継続的に実施されるよう、必要な財政上の措置を講じなければならない。

（教育振興基本計画）

第17条　政府は、教育の振興に関する施策の総合的かつ計画的な推進を図るため、教育の振興に関する施策についての基本的な方針及び講ずべき施策その他必要な事項について、基本的な計画を定め、これを国会に報告するとともに、公表しなければならない。

2　地方公共団体は、前項の計画を参酌し、その地域の実情に応じ、当該地方公共団体におかる教育の振興のための施策に関する基本的な計画を定めるよう努めなければならない。

第4章　法令の制定

第18条　この法律に規定する諸条項を実施するため、必要な法令が制定されなければならない。

学校教育法（抄）

（昭和22年3月31日法律第26号）
（一部改正：令和4年6月22日法律第77号）

第3章　幼稚園

第22条　幼稚園は、義務教育及びその後の教育の基礎を培うものとして、幼児を保育し、幼児の健やかな成長のために適当な環境を与えて、その心身の発達を助長することを目的とする。

第23条　幼稚園における教育は、前条に規定する目的を実現するため、次に掲げる目標を達成するよう行われるものとする。

1　健康、安全で幸福な生活のために必要な基本的な習慣を養い、身体諸機能の調和的発達を図ること。
2　集団生活を通じて、喜んでこれに参加する態度を養うとともに家族や身近な人への信頼感を深め、自主、自律及び協同の精神並びに規範意識の芽生えを養うこと。
3　身近な社会生活、生命及び自然に対する興味を養い、それらに対する正しい理解と態度及び思考力の芽生えを養うこと。
4　日常の会話や、絵本、童話等に親しむことを通じて、言葉の使い方を正しく導くとともに、相手の話を理解しようとする態度を養うこと。
5　音楽、身体による表現、造形等に親しむことを通じて、豊かな感性と表現力の芽生えを養うこと。

第24条　幼稚園においては、第22条に規定する目的を実現するための教育を行うほか、幼児期の教育に関する各般の問題につき、保護者及び地域住民その他の関係者からの相談に応じ、必要な情報の提供及び助言を行うなど、家庭及び地域における幼児期の教育の支援に努めるものとする。

第25条　幼稚園の教育課程その他の保育内容に関する事項は、第22条及び第23条の規定に従い、文部科学大臣が定める。

第26条　幼稚園に入園することのできる者は、満3歳から、小学校就学の始期に達するまでの幼児とする。

第8章　特別支援教育

第81条　幼稚園、小学校、中学校、義務教育学校、高等学校及び中等教育学校においては、次項各号のいずれかに該当する幼児、児童及び生徒その他教育上特別の支援を必要とする幼児、児童及び生徒に対し、文部科学大臣の定めるところにより、障害による学習上又は生活上の困難を克服するための教育を行うものとする。

（第2項及び第3項　略）

学校教育法施行規則（抄）

（昭和22年5月23日文部省令第11号）
（一部改正：令和5年3月31日文部科学省令第18号）

第1章　総則

第3節　管理

第24条　校長は、その学校に在学する児童等の指導要録（学校教育法施行令第31条に規定する児童等の学習及び健康の状況を記録した書類の原本をいう。以下同じ。）を作成しなければならない。

② 校長は、児童等が進学した場合においては、その作成に係る当該児童等の指導要録の抄本又は写しを作成し、これを進学先の校長に送付しなければならない。

③ 校長は、児童等が転学した場合においては、その作成に係る当該児童等の指導要録の写しを作成し、その写し（転学してきた児童等については転学により送付を受けた指導要録（就学前の子どもに関する教育、保育等の総合的な提供の推進に関する法律施行令（平成26年政令第203号）第8条に規定する園児の学習及び健康の状況を記録した書類の原本を含む。）の写しを含む。）及び前項の抄本又は写しを転学先の校長、保育所の長又は認定こども園の長に送付しなければならない。

第28条　学校において備えなければならない表簿は、概ね次のとおりとする。
1　学校に関係のある法令
2　学則、日課表、教科用図書配当表、学校医執務記録簿、学校歯科医執務記録簿、学校薬剤師執務記録簿及び学校日誌
3　職員の名簿、履歴書、出勤簿並びに担任学級、担任の教科又は科目及び時間表
4　指導要録、その写し及び抄本並びに出席簿及び健康診断に関する表簿
5　入学者の選抜及び成績考査に関する表簿
6　資産原簿、出納簿及び経費の予算決算についての帳簿並びに図書機械器具、標本、模型等の教具の目録
7　往復文書処理簿

② 前項の表簿（第24条第2項の抄本又は写しを除く。）は、別に定めるもののほか、5年間保存しなければならない。ただし、指導要録及びその写しのうち入学、卒業等の学籍に関する記録については、その保存期間は、20年間とする。

③ 学校教育法施行令第31条の規定により指導要録及びその写しを保存しなければならない期間は、前項のこれらの書類の保存期間から当該学校においてこれらの書類を保存していた期間を控除した期間とする。

第3章　幼稚園

第36条　幼稚園の設備、編制その他設置に関する事項は、この章に定めるもののほか、幼稚園設置基準（昭和31年文部省令第32号）の定めるところによる。

第37条　幼稚園の毎学年の教育週数は、特別の事情のある場合を除き、39週を下ってはならない。

第38条　幼稚園の教育課程その他の保育内容については、この章に定めるもののほか、教育課程その他の保育内容の基準として文部科学大臣が別に公示する幼稚園教育要領によるものとする。

幼稚園教育要領

平成29年3月31日　文部科学省告示第62号

　学校教育法施行規則（昭和22年文部省令第11号）第38条の規定に基づき、幼稚園教育要領（平成20年文部科学省告示第26号）の全部を次のように改正し、平成30年4月1日から施行する。

目次
前文
第1章　総則
第1　幼稚園教育の基本
第2　幼稚園教育において育みたい資質・能力及び「幼児期の終わりまでに育ってほしい姿」
第3　教育課程の役割と編成等
第4　指導計画の作成と幼児理解に基づいた評価
第5　特別な配慮を必要とする幼児への指導
第6　幼稚園運営上の留意事項
第7　教育課程に係る教育時間終了後等に行う教育活動など
第2章　ねらい及び内容
健康
人間関係
環境
言葉
表現
第3章　教育課程に係る教育時間の終了後等に行う教育活動などの留意事項

　教育は、教育基本法第1条に定めるとおり、人格の完成を目指し、平和で民主的な国家及び社会の形成者として必要な資質を備えた心身ともに健康な国民の育成を期すという目的のもと、同法第2条に掲げる次の目標を達成するよう行われなければならない。
1　幅広い知識と教養を身に付け、真理を求める態度を養い、豊かな情操と道徳心を培うとともに、健やかな身体を養うこと。
2　個人の価値を尊重して、その能力を伸ばし、創造性を培い、自主及び自律の精神を養うとともに、職業及び生活との関連を重視し、勤労を重んずる態度を養うこと。
3　正義と責任、男女の平等、自他の敬愛と協力を重んずるとともに、公共の精神に基づき、主体的に社会の形成に参画し、その発展に寄与する態度を養うこと。
4　生命を尊び、自然を大切にし、環境の保全に寄与する態度を養うこと。
5　伝統と文化を尊重し、それらをはぐくんできた我が国と郷土を愛するとともに、他国を尊重し、国際社会の平和と発展に寄与する態度を養うこと。

　また、幼児期の教育については、同法第11条に掲げるとおり、生涯にわたる人格形成の基礎を培う重要なものであることにかんがみ、国及び地方公共団体は、幼児の健やかな成長に資する良好な環境の整備その他適当な方法によって、その振興に努めなければならないこととされている。

　これからの幼稚園には、学校教育の始まりとして、こうした教育の目的及び目標の達成を目指しつつ、一人一人の幼児が、将来、自分のよさや可能性を認識するとともに、あらゆる他者を価値のある存在として尊重し、多様な人々と協働しながら様々な社会的変化を乗り越え、豊かな人生を切り拓き、持続可能な社会の創り手となることができるようにするための基礎を培うことが求められる。このために必要な教育の在り方を具体化するのが、各幼稚園において教育の内容等を組織的かつ計画的に組み立てた教育課程である。

　教育課程を通して、これからの時代に求められる教育を実現していくためには、よりよい学校教育を通してよりよい社会を創るという理念を学校と社会とが共有し、それぞれの幼稚園において、幼児期にふさわしい生活をどのように展開し、どのような資質・能力を育むようにするのかを教育課程において明確にしながら、社会との連携及び協働によりその実現を図っていくという、社会に開かれた教育課程の実現が重要となる。

　幼稚園教育要領とは、こうした理念の実現に向けて必要となる教育課程の基準を大綱的に定めるものである。幼稚園教育要領が果たす役割の一つは、公の性質を有する幼稚園における教育水準を全国的に確保することである。また、各幼稚園がその特色を生かして創意工夫を重ね、長年にわたり積み重ねられてきた教育実践や学術研究の蓄積を生かしながら、幼児や地域の現状や課題を捉え、家庭や地域社会と協力して、幼稚園教育要領を踏まえた教育活動の更なる充実を図っていくことも重要である。

　幼児の自発的な活動としての遊びを生み出すために必要な環境を整え、一人一人の資質・能力を育んでいくことは、教職員をはじめとする幼稚園関係者はもと

より、家庭や地域の人々も含め、様々な立場から幼児や幼稚園に関わる全ての大人に期待される役割である。家庭との緊密な連携の下、小学校以降の教育や生涯にわたる学習とのつながりを見通しながら、幼児の自発的な活動としての遊びを通しての総合的な指導をする際に広く活用されるものとなることを期待して、ここに幼稚園教育要領を定める。

第1章　総　則
第1　幼稚園教育の基本

　幼児期の教育は、生涯にわたる人格形成の基礎を培う重要なものであり、幼稚園教育は、学校教育法に規定する目的及び目標を達成するため、幼児期の特性を踏まえ、環境を通して行うものであることを基本とする。
　このため教師は、幼児との信頼関係を十分に築き、幼児が身近な環境に主体的に関わり、環境との関わり方や意味に気付き、これらを取り込もうとして、試行錯誤したり、考えたりするようになる幼児期の教育における見方・考え方を生かし、幼児と共によりよい教育環境を創造するように努めるものとする。これらを踏まえ、次に示す事項を重視して教育を行わなければならない。
1　幼児は安定した情緒の下で自己を十分に発揮することにより発達に必要な体験を得ていくものであることを考慮して、幼児の主体的な活動を促し、幼児期にふさわしい生活が展開されるようにすること。
2　幼児の自発的な活動としての遊びは、心身の調和のとれた発達の基礎を培う重要な学習であることを考慮して、遊びを通しての指導を中心として第2章に示すねらいが総合的に達成されるようにすること。
3　幼児の発達は、心身の諸側面が相互に関連し合い、多様な経過をたどって成し遂げられていくものであること、また、幼児の生活経験がそれぞれ異なることなどを考慮して、幼児一人一人の特性に応じ、発達の課題に即した指導を行うようにすること。

　その際、教師は、幼児の主体的な活動が確保されるよう幼児一人一人の行動の理解と予想に基づき、計画的に環境を構成しなければならない。この場合において、教師は、幼児と人やものとの関わりが重要であることを踏まえ、教材を工夫し、物的・空間的環境を構成しなければならない。また、幼児一人一人の活動の場面に応じて、様々な役割を果たし、その活動を豊かにしなければならない。

第2　幼稚園教育において育みたい資質・能力及び「幼児期の終わりまでに育ってほしい姿」

1　幼稚園においては、生きる力の基礎を育むため、この章の第1に示す幼稚園教育の基本を踏まえ、次に掲げる資質・能力を一体的に育むよう努めるものとする。
（1）豊かな体験を通じて、感じたり、気付いたり、分かったり、できるようになったりする「知識及び技能の基礎」
（2）気付いたことや、できるようになったことなどを使い、考えたり、試したり、工夫したり、表現したりする「思考力、判断力、表現力等の基礎」
（3）心情、意欲、態度が育つ中で、よりよい生活を営もうとする「学びに向かう力、人間性等」
2　1に示す資質・能力は、第2章に示すねらい及び内容に基づく活動全体によって育むものである。
3　次に示す「幼児期の終わりまでに育ってほしい姿」は、第2章に示すねらい及び内容に基づく活動全体を通して資質・能力が育まれている幼児の幼稚園修了時の具体的な姿であり、教師が指導を行う際に考慮するものである。
（1）健康な心と体
　　幼稚園生活の中で、充実感をもって自分のやりたいことに向かって心と体を十分に働かせ、見通しをもって行動し、自ら健康で安全な生活をつくり出すようになる。
（2）自立心
　　身近な環境に主体的に関わり様々な活動を楽しむ中で、しなければならないことを自覚し、自分の力で行うために考えたり、工夫したりしながら、諦めずにやり遂げることで達成感を味わい、自信をもって行動するようになる。
（3）協同性
　　友達と関わる中で、互いの思いや考えなどを共有し、共通の目的の実現に向けて、考えたり、工夫したり、協力したりし、充実感をもってやり遂げるようになる。
（4）道徳性・規範意識の芽生え
　　友達と様々な体験を重ねる中で、してよいことや悪いことが分かり、自分の行動を振り返ったり、友達の

気持ちに共感したりし、相手の立場に立って行動するようになる。また、きまりを守る必要性が分かり、自分の気持ちを調整し、友達と折り合いを付けながら、きまりをつくったり、守ったりするようになる。
（5）社会生活との関わり
　家族を大切にしようとする気持ちをもつとともに、地域の身近な人と触れ合う中で、人との様々な関わり方に気付き、相手の気持ちを考えて関わり、自分が役に立つ喜びを感じ、地域に親しみをもつようになる。また、幼稚園内外の様々な環境に関わる中で、遊びや生活に必要な情報を取り入れ、情報に基づき判断したり、情報を伝え合ったり、活用したりするなど、情報を役立てながら活動するようになるとともに、公共の施設を大切に利用するなどして、社会とのつながりなどを意識するようになる。
（6）思考力の芽生え
　身近な事象に積極的に関わる中で、物の性質や仕組みなどを感じ取ったり、気付いたりし、考えたり、予想したり、工夫したりするなど、多様な関わりを楽しむようになる。また、友達の様々な考えに触れる中で、自分と異なる考えがあることに気付き、自ら判断したり、考え直したりするなど、新しい考えを生み出す喜びを味わいながら、自分の考えをよりよいものにするようになる。
（7）自然との関わり・生命尊重
　自然に触れて感動する体験を通して、自然の変化などを感じ取り、好奇心や探究心をもって考え言葉などで表現しながら、身近な事象への関心が高まるとともに、自然への愛情や畏敬の念をもつようになる。また、身近な動植物に心を動かされる中で、生命の不思議さや尊さに気付き、身近な動植物への接し方を考え、命あるものとしていたわり、大切にする気持ちをもって関わるようになる。
（8）数量や図形、標識や文字などへの関心・感覚
　遊びや生活の中で、数量や図形、標識や文字などに親しむ体験を重ねたり、標識や文字の役割に気付いたりし、自らの必要感に基づきこれらを活用し、興味や関心、感覚をもつようになる。
（9）言葉による伝え合い
　先生や友達と心を通わせる中で、絵本や物語などに親しみながら、豊かな言葉や表現を身に付け、経験したことや考えたことなどを言葉で伝えたり、相手の話を注意して聞いたりし、言葉による伝え合いを楽しむようになる。
（10）豊かな感性と表現
　心を動かす出来事などに触れ感性を働かせる中で、様々な素材の特徴や表現の仕方などに気付き、感じたことや考えたことを自分で表現したり、友達同士で表現する過程を楽しんだりし、表現する喜びを味わい、意欲をもつようになる。

第3　教育課程の役割と編成等
1　教育課程の役割
　各幼稚園においては、教育基本法及び学校教育法その他の法令並びにこの幼稚園教育要領の示すところに従い、創意工夫を生かし、幼児の心身の発達と幼稚園及び地域の実態に即応した適切な教育課程を編成するものとする。
　また、各幼稚園においては、6に示す全体的な計画にも留意しながら、「幼児期の終わりまでに育ってほしい姿」を踏まえ教育課程を編成すること、教育課程の実施状況を評価してその改善を図っていくこと、教育課程の実施に必要な人的又は物的な体制を確保するとともにその改善を図っていくことなどを通して、教育課程に基づき組織的かつ計画的に各幼稚園の教育活動の質の向上を図っていくこと（以下「カリキュラム・マネジメント」という。）に努めるものとする。
2　各幼稚園の教育目標と教育課程の編成
　教育課程の編成に当たっては、幼稚園教育において育みたい資質・能力を踏まえつつ、各幼稚園の教育目標を明確にするとともに、教育課程の編成についての基本的な方針が家庭や地域とも共有されるよう努めるものとする。
3　教育課程の編成上の基本的事項
（1）幼稚園生活の全体を通して第2章に示すねらいが総合的に達成されるよう、教育課程に係る教育期間や幼児の生活経験や発達の過程などを考慮して具体的なねらいと内容を組織するものとする。この場合においては、特に、自我が芽生え、他者の存在を意識し、自己を抑制しようとする気持ちが生まれる幼児期の発達の特性を踏まえ、入園から修了に至るまでの長期的な視野をもって充実した生活が展開できるように配慮するものとする。
（2）幼稚園の毎学年の教育課程に係る教育週数は、特

別の事情のある場合を除き、39週を下ってはならない。
（3）幼稚園の1日の教育課程に係る教育時間は、4時間を標準とする。ただし、幼児の心身の発達の程度や季節などに適切に配慮するものとする。

4　教育課程の編成上の留意事項

教育課程の編成に当たっては、次の事項に留意するものとする。
（1）幼児の生活は、入園当初の一人一人の遊びや教師との触れ合いを通して幼稚園生活に親しみ、安定していく時期から、他の幼児との関わりの中で幼児の主体的な活動が深まり、幼児が互いに必要な存在であることを認識するようになり、やがて幼児同士や学級全体で目的をもって協同して幼稚園生活を展開し、深めていく時期などに至るまでの過程を様々に経ながら広げられていくものであることを考慮し、活動がそれぞれの時期にふさわしく展開されるようにすること。
（2）入園当初、特に、3歳児の入園については、家庭との連携を緊密にし、生活のリズムや安全面に十分配慮すること。また、満3歳児については、学年の途中から入園することを考慮し、幼児が安心して幼稚園生活を過ごすことができるよう配慮すること。
（3）幼稚園生活が幼児にとって安全なものとなるよう、教職員による協力体制の下、幼児の主体的な活動を大切にしつつ、園庭や園舎などの環境の配慮や指導の工夫を行うこと。

5　小学校教育との接続に当たっての留意事項

（1）幼稚園においては、幼稚園教育が、小学校以降の生活や学習の基盤の育成につながることに配慮し、幼児期にふさわしい生活を通して、創造的な思考や主体的な生活態度などの基礎を培うようにするものとする。
（2）幼稚園教育において育まれた資質・能力を踏まえ、小学校教育が円滑に行われるよう、小学校の教師との意見交換や合同の研究の機会などを設け、「幼児期の終わりまでに育ってほしい姿」を共有するなど連携を図り、幼稚園教育と小学校教育との円滑な接続を図るよう努めるものとする。

6　全体的な計画の作成

各幼稚園においては、教育課程を中心に、第3章に示す教育課程に係る教育時間の終了後等に行う教育活動の計画、学校保健計画、学校安全計画などとを関連させ、一体的に教育活動が展開されるよう全体的な計画を作成するものとする。

第4　指導計画の作成と幼児理解に基づいた評価

1　指導計画の考え方

幼稚園教育は、幼児が自ら意欲をもって環境と関わることによりつくり出される具体的な活動を通して、その目標の達成を図るものである。
幼稚園においてはこのことを踏まえ、幼児期にふさわしい生活が展開され、適切な指導が行われるよう、それぞれの幼稚園の教育課程に基づき、調和のとれた組織的、発展的な指導計画を作成し、幼児の活動に沿った柔軟な指導を行わなければならない。

2　指導計画の作成上の基本的事項

（1）指導計画は、幼児の発達に即して一人一人の幼児が幼児期にふさわしい生活を展開し、必要な体験を得られるようにするために、具体的に作成するものとする。
（2）指導計画の作成に当たっては、次に示すところにより、具体的なねらい及び内容を明確に設定し、適切な環境を構成することなどにより活動が選択・展開されるようにするものとする。
ア　具体的なねらい及び内容は、幼稚園生活における幼児の発達の過程を見通し、幼児の生活の連続性、季節の変化などを考慮して、幼児の興味や関心、発達の実情などに応じて設定すること。
イ　環境は、具体的なねらいを達成するために適切なものとなるように構成し、幼児が自らその環境に関わることにより様々な活動を展開しつつ必要な体験を得られるようにすること。その際、幼児の生活する姿や発想を大切にし、常にその環境が適切なものとなるようにすること。
ウ　幼児の行う具体的な活動は、生活の流れの中で様々に変化するものであることに留意し、幼児が望ましい方向に向かって自ら活動を展開していくことができるよう必要な援助をすること。
その際、幼児の実態及び幼児を取り巻く状況の変化などに即して指導の過程についての評価を適切に行い、常に指導計画の改善を図るものとする。

3　指導計画の作成上の留意事項

指導計画の作成に当たっては、次の事項に留意するも

のとする。
（1）長期的に発達を見通した年、学期、月などにわたる長期の指導計画やこれとの関連を保ちながらより具体的な幼児の生活に即した週、日などの短期の指導計画を作成し、適切な指導が行われるようにすること。特に、週、日などの短期の指導計画については、幼児の生活のリズムに配慮し、幼児の意識や興味の連続性のある活動が相互に関連して幼稚園生活の自然な流れの中に組み込まれるようにすること。
（2）幼児が様々な人やものとの関わりを通して、多様な体験をし、心身の調和のとれた発達を促すようにしていくこと。その際、幼児の発達に即して主体的・対話的で深い学びが実現するようにするとともに、心を動かされる体験が次の活動を生み出すことを考慮し、一つ一つの体験が相互に結び付き、幼稚園生活が充実するようにすること。
（3）言語に関する能力の発達と思考力等の発達が関連していることを踏まえ、幼稚園生活全体を通して、幼児の発達を踏まえた言語環境を整え、言語活動の充実を図ること。
（4）幼児が次の活動への期待や意欲をもつことができるよう、幼児の実態を踏まえながら、教師や他の幼児と共に遊びや生活の中で見通しをもったり、振り返ったりするよう工夫すること。
（5）行事の指導に当たっては、幼稚園生活の自然の流れの中で生活に変化や潤いを与え、幼児が主体的に楽しく活動できるようにすること。なお、それぞれの行事についてはその教育的価値を十分検討し、適切なものを精選し、幼児の負担にならないようにすること。
（6）幼児期は直接的な体験が重要であることを踏まえ、視聴覚教材やコンピュータなど情報機器を活用する際には、幼稚園生活では得難い体験を補完するなど、幼児の体験との関連を考慮すること。
（7）幼児の主体的な活動を促すためには、教師が多様な関わりをもつことが重要であることを踏まえ、教師は、理解者、共同作業者など様々な役割を果たし、幼児の発達に必要な豊かな体験が得られるよう、活動の場面に応じて、適切な指導を行うようにすること。
（8）幼児の行う活動は、個人、グループ、学級全体などで多様に展開されるものであることを踏まえ、幼稚園全体の教師による協力体制を作りながら、一人一人の幼児が興味や欲求を十分満足させるよう適切な援助を行うようにすること。

4 幼児理解に基づいた評価の実施

幼児一人一人の発達の理解に基づいた評価の実施に当たっては、次の事項に配慮するものとする。
（1）指導の過程を振り返りながら幼児の理解を進め、幼児一人一人のよさや可能性などを把握し、指導の改善に生かすようにすること。その際、他の幼児との比較や一定の基準に対する達成度についての評定によって捉えるものではないことに留意すること。
（2）評価の妥当性や信頼性が高められるよう創意工夫を行い、組織的かつ計画的な取組を推進するとともに、次年度又は小学校等にその内容が適切に引き継がれるようにすること。

第5　特別な配慮を必要とする幼児への指導
1　障害のある幼児などへの指導

障害のある幼児などへの指導に当たっては、集団の中で生活することを通して全体的な発達を促していくことに配慮し、特別支援学校などの助言又は援助を活用しつつ、個々の幼児の障害の状態などに応じた指導内容や指導方法の工夫を組織的かつ計画的に行うものとする。また、家庭、地域及び医療や福祉、保健等の業務を行う関係機関との連携を図り、長期的な視点で幼児への教育的支援を行うために、個別の教育支援計画を作成し活用することに努めるとともに、個々の幼児の実態を的確に把握し、個別の指導計画を作成し活用することに努めるものとする。

2　海外から帰国した幼児や生活に必要な日本語の習得に困難のある幼児の幼稚園生活への適応

海外から帰国した幼児や生活に必要な日本語の習得に困難のある幼児については、安心して自己を発揮できるよう配慮するなど個々の幼児の実態に応じ、指導内容や指導方法の工夫を組織的かつ計画的に行うものとする。

第6　幼稚園運営上の留意事項

1　各幼稚園においては、園長の方針の下に、園務分掌に基づき教職員が適切に役割を分担しつつ、相互に連携しながら、教育課程や指導の改善を図るものとする。また、各幼稚園が行う学校評価については、教育課程の編成、実施、改善が教育活動や幼稚園運営の中核となることを踏まえ、カリキュラム・マネジメントと関連付けながら実施するよう留意するものとする。

2　幼児の生活は、家庭を基盤として地域社会を通じて次第に広がりをもつものであることに留意し、家庭との連携を十分に図るなど、幼稚園における生活が家庭や地域社会と連続性を保ちつつ展開されるようにするものとする。その際、地域の自然、高齢者や異年齢の子供などを含む人材、行事や公共施設などの地域の資源を積極的に活用し、幼児が豊かな生活体験を得られるように工夫するものとする。また、家庭との連携に当たっては、保護者との情報交換の機会を設けたり、保護者と幼児との活動の機会を設けたりなどすることを通じて、保護者の幼児期の教育に関する理解が深まるよう配慮するものとする。

3　地域や幼稚園の実態等により、幼稚園間に加え、保育所、幼保連携型認定こども園、小学校、中学校、高等学校及び特別支援学校などとの間の連携や交流を図るものとする。特に、幼稚園教育と小学校教育の円滑な接続のため、幼稚園の幼児と小学校の児童との交流の機会を積極的に設けるようにするものとする。また、障害のある幼児児童生徒との交流及び共同学習の機会を設け、共に尊重し合いながら協働して生活していく態度を育むよう努めるものとする。

第7　教育課程に係る教育時間終了後等に行う教育活動など

幼稚園は、第3章に示す教育課程に係る教育時間の終了後等に行う教育活動について、学校教育法に規定する目的及び目標並びにこの章の第1に示す幼稚園教育の基本を踏まえ実施するものとする。また、幼稚園の目的の達成に資するため、幼児の生活全体が豊かなものとなるよう家庭や地域における幼児期の教育の支援に努めるものとする。

第2章　ねらい及び内容

この章に示すねらいは、幼稚園教育において育みたい資質・能力を幼児の生活する姿から捉えたものであり、内容は、ねらいを達成するために指導する事項である。各領域は、これらを幼児の発達の側面から、心身の健康に関する領域「健康」、人との関わりに関する領域「人間関係」、身近な環境との関わりに関する領域「環境」、言葉の獲得に関する領域「言葉」及び感性と表現に関する領域「表現」としてまとめ、示したものである。内容の取扱いは、幼児の発達を踏まえた指導を行うに当たって留意すべき事項である。

各領域に示すねらいは、幼稚園における生活の全体を通じ、幼児が様々な体験を積み重ねる中で相互に関連をもちながら次第に達成に向かうものであること、内容は、幼児が環境に関わって展開する具体的な活動を通して総合的に指導されるものであることに留意しなければならない。

また、「幼児期の終わりまでに育ってほしい姿」が、ねらい及び内容に基づく活動全体を通して資質・能力が育まれている幼児の幼稚園修了時の具体的な姿であることを踏まえ、指導を行う際に考慮するものとする。

なお、特に必要な場合には、各領域に示すねらいの趣旨に基づいて適切な、具体的な内容を工夫し、それを加えても差し支えないが、その場合には、それが第1章の第1に示す幼稚園教育の基本を逸脱しないよう慎重に配慮する必要がある。

健康

〔健康な心と体を育て、自ら健康で安全な生活をつくり出す力を養う。〕

1　ねらい
（1）明るく伸び伸びと行動し、充実感を味わう。
（2）自分の体を十分に動かし、進んで運動しようとする。
（3）健康、安全な生活に必要な習慣や態度を身に付け、見通しをもって行動する。

2　内容
（1）先生や友達と触れ合い、安定感をもって行動する。
（2）いろいろな遊びの中で十分に体を動かす。
（3）進んで戸外で遊ぶ。
（4）様々な活動に親しみ、楽しんで取り組む。
（5）先生や友達と食べることを楽しみ、食べ物への興味や関心をもつ。
（6）健康な生活のリズムを身に付ける。
（7）身の回りを清潔にし、衣服の着脱、食事、排泄などの生活に必要な活動を自分でする。
（8）幼稚園における生活の仕方を知り、自分たちで生活の場を整えながら見通しをもって行動する。
（9）自分の健康に関心をもち、病気の予防などに必要な活動を進んで行う。
（10）危険な場所、危険な遊び方、災害時などの行動の仕方が分かり、安全に気を付けて行動する。

3 内容の取扱い

上記の取扱いに当たっては、次の事項に留意する必要がある。

（1）心と体の健康は、相互に密接な関連があるものであることを踏まえ、幼児が教師や他の幼児との温かい触れ合いの中で自己の存在感や充実感を味わうことなどを基盤として、しなやかな心と体の発達を促すこと。特に、十分に体を動かす気持ちよさを体験し、自ら体を動かそうとする意欲が育つようにすること。

（2）様々な遊びの中で、幼児が興味や関心、能力に応じて全身を使って活動することにより、体を動かす楽しさを味わい、自分の体を大切にしようとする気持ちが育つようにすること。その際、多様な動きを経験する中で、体の動きを調整するようにすること。

（3）自然の中で伸び伸びと体を動かして遊ぶことにより、体の諸機能の発達が促されることに留意し、幼児の興味や関心が戸外にも向くようにすること。その際、幼児の動線に配慮した園庭や遊具の配置などを工夫すること。

（4）健康な心と体を育てるためには食育を通じた望ましい食習慣の形成が大切であることを踏まえ、幼児の食生活の実情に配慮し、和やかな雰囲気の中で教師や他の幼児と食べる喜びや楽しさを味わったり、様々な食べ物への興味や関心をもったりするなどし、食の大切さに気付き、進んで食べようとする気持ちが育つようにすること。

（5）基本的な生活習慣の形成に当たっては、家庭での生活経験に配慮し、幼児の自立心を育て、幼児が他の幼児と関わりながら主体的な活動を展開する中で、生活に必要な習慣を身に付け、次第に見通しをもって行動できるようにすること。

（6）安全に関する指導に当たっては、情緒の安定を図り、遊びを通して安全についての構えを身に付け、危険な場所や事物などが分かり、安全についての理解を深めるようにすること。また、交通安全の習慣を身に付けるようにするとともに、避難訓練などを通して、災害などの緊急時に適切な行動がとれるようにすること。

人間関係

〔他の人々と親しみ、支え合って生活するために、自立心を育て、人と関わる力を養う。〕

1 ねらい

（1）幼稚園生活を楽しみ、自分の力で行動することの充実感を味わう。

（2）身近な人と親しみ、関わりを深め、工夫したり、協力したりして一緒に活動する楽しさを味わい、愛情や信頼感をもつ。

（3）社会生活における望ましい習慣や態度を身に付ける。

2 内容

（1）先生や友達と共に過ごすことの喜びを味わう。

（2）自分で考え、自分で行動する。

（3）自分でできることは自分でする。

（4）いろいろな遊びを楽しみながら物事をやり遂げようとする気持ちをもつ。

（5）友達と積極的に関わりながら喜びや悲しみを共感し合う。

（6）自分の思ったことを相手に伝え、相手の思っていることに気付く。

（7）友達のよさに気付き、一緒に活動する楽しさを味わう。

（8）友達と楽しく活動する中で、共通の目的を見いだし、工夫したり、協力したりなどする。

（9）よいことや悪いことがあることに気付き、考えながら行動する。

（10）友達との関わりを深め、思いやりをもつ。

（11）友達と楽しく生活する中できまりの大切さに気付き、守ろうとする。

（12）共同の遊具や用具を大切にし、皆で使う。

（13）高齢者をはじめ地域の人々などの自分の生活に関係の深いいろいろな人に親しみをもつ。

3 内容の取扱い

上記の取扱いに当たっては、次の事項に留意する必要がある。

（1）教師との信頼関係に支えられて自分自身の生活を確立していくことが人と関わる基盤となることを考慮し、幼児が自ら周囲に働き掛けることにより多様な感情を体験し、試行錯誤しながら諦めずにやり遂げることとの達成感や、前向きな見通しをもって自分の力で行うことの充実感を味わうことができるよう、幼児の行動を見守りながら適切な援助を行うようにすること。

（2）一人一人を生かした集団を形成しながら人と関わる力を育てていくようにすること。その際、集団の生

活の中で、幼児が自己を発揮し、教師や他の幼児に認められる体験をし、自分のよさや特徴に気付き、自信をもって行動できるようにすること。
（3）幼児が互いに関わりを深め、協同して遊ぶようになるため、自ら行動する力を育てるようにするとともに、他の幼児と試行錯誤しながら活動を展開する楽しさや共通の目的が実現する喜びを味わうことができるようにすること。
（4）道徳性の芽生えを培うに当たっては、基本的な生活習慣の形成を図るとともに、幼児が他の幼児との関わりの中で他人の存在に気付き、相手を尊重する気持ちをもって行動できるようにし、また、自然や身近な動植物に親しむことなどを通して豊かな心情が育つようにすること。特に、人に対する信頼感や思いやりの気持ちは、葛藤やつまずきをも体験し、それらを乗り越えることにより次第に芽生えてくることに配慮すること。
（5）集団の生活を通して、幼児が人との関わりを深め、規範意識の芽生えが培われることを考慮し、幼児が教師との信頼関係に支えられて自己を発揮する中で、互いに思いを主張し、折り合いを付ける体験をし、きまりの必要性などに気付き、自分の気持ちを調整する力が育つようにすること。
（6）高齢者をはじめ地域の人々などの自分の生活に関係の深いいろいろな人と触れ合い、自分の感情や意志を表現しながら共に楽しみ、共感し合う体験を通して、これらの人々などに親しみをもち、人と関わることの楽しさや人の役に立つ喜びを味わうことができるようにすること。また、生活を通して親や祖父母などの家族の愛情に気付き、家族を大切にしようとする気持ちが育つようにすること。

環境
〔周囲の様々な環境に好奇心や探究心をもって関わり、それらを生活に取り入れていこうとする力を養う。〕
1 ねらい
（1）身近な環境に親しみ、自然と触れ合う中で様々な事象に興味や関心をもつ。
（2）身近な環境に自分から関わり、発見を楽しんだり、考えたりし、それを生活に取り入れようとする。
（3）身近な事象を見たり、考えたり、扱ったりする中で、物の性質や数量、文字などに対する感覚を豊かにする。

2 内容
（1）自然に触れて生活し、その大きさ、美しさ、不思議さなどに気付く。
（2）生活の中で、様々な物に触れ、その性質や仕組みに興味や関心をもつ。
（3）季節により自然や人間の生活に変化のあることに気付く。
（4）自然などの身近な事象に関心をもち、取り入れて遊ぶ。
（5）身近な動植物に親しみをもって接し、生命の尊さに気付き、いたわったり、大切にしたりする。
（6）日常生活の中で、我が国や地域社会における様々な文化や伝統に親しむ。
（7）身近な物を大切にする。
（8）身近な物や遊具に興味をもって関わり、自分なりに比べたり、関連付けたりしながら考えたり、試したりして工夫して遊ぶ。
（9）日常生活の中で数量や図形などに関心をもつ。
（10）日常生活の中で簡単な標識や文字などに関心をもつ。
（11）生活に関係の深い情報や施設などに興味や関心をもつ。
（12）幼稚園内外の行事において国旗に親しむ。

3 内容の取扱い
上記の取扱いに当たっては、次の事項に留意する必要がある。
（1）幼児が、遊びの中で周囲の環境と関わり、次第に周囲の世界に好奇心を抱き、その意味や操作の仕方に関心をもち、物事の法則性に気付き、自分なりに考えることができるようになる過程を大切にすること。また、他の幼児の考えなどに触れて新しい考えを生み出す喜びや楽しさを味わい、自分の考えをよりよいものにしようとする気持ちが育つようにすること。
（2）幼児期において自然のもつ意味は大きく、自然の大きさ、美しさ、不思議さなどに直接触れる体験を通して、幼児の心が安らぎ、豊かな感情、好奇心、思考力、表現力の基礎が培われることを踏まえ、幼児が自然との関わりを深めることができるよう工夫すること。
（3）身近な事象や動植物に対する感動を伝え合い、共感し合うことなどを通して自分から関わろうとする意欲を育てるとともに、様々な関わり方を通してそれらに対する親しみや畏敬の念、生命を大切にする気持ち、

公共心、探究心などが養われるようにすること。
（4）文化や伝統に親しむ際には、正月や節句など我が国の伝統的な行事、国歌、唱歌、わらべうたや我が国の伝統的な遊びに親しんだり、異なる文化に触れる活動に親しんだりすることを通じて、社会とのつながりの意識や国際理解の意識の芽生えなどが養われるようにすること。
（5）数量や文字などに関しては、日常生活の中で幼児自身の必要感に基づく体験を大切にし、数量や文字などに関する興味や関心、感覚が養われるようにすること。

言葉
〔経験したことや考えたことなどを自分なりの言葉で表現し、相手の話す言葉を聞こうとする意欲や態度を育て、言葉に対する感覚や言葉で表現する力を養う。〕
1 ねらい
（1）自分の気持ちを言葉で表現する楽しさを味わう。
（2）人の言葉や話などをよく聞き、自分の経験したことや考えたことを話し、伝え合う喜びを味わう。
（3）日常生活に必要な言葉が分かるようになるとともに、絵本や物語などに親しみ、言葉に対する感覚を豊かにし、先生や友達と心を通わせる。
2 内容
（1）先生や友達の言葉や話に興味や関心をもち、親しみをもって聞いたり、話したりする。
（2）したり、見たり、聞いたり、感じたり、考えたりなどしたことを自分なりに言葉で表現する。
（3）したいこと、してほしいことを言葉で表現したり、分からないことを尋ねたりする。
（4）人の話を注意して聞き、相手に分かるように話す。
（5）生活の中で必要な言葉が分かり、使う。
（6）親しみをもって日常の挨拶をする。
（7）生活の中で言葉の楽しさや美しさに気付く。
（8）いろいろな体験を通じてイメージや言葉を豊かにする。
（9）絵本や物語などに親しみ、興味をもって聞き、想像をする楽しさを味わう。
（10）日常生活の中で、文字などで伝える楽しさを味わう。
3 内容の取扱い
上記の取扱いに当たっては、次の事項に留意する必要がある。
（1）言葉は、身近な人に親しみをもって接し、自分の感情や意志などを伝え、それに相手が応答し、その言葉を聞くことを通して次第に獲得されていくものであることを考慮して、幼児が教師や他の幼児と関わることにより心を動かされるような体験をし、言葉を交わす喜びを味わえるようにすること。
（2）幼児が自分の思いを言葉で伝えるとともに、教師や他の幼児などの話を興味をもって注意して聞くことを通して次第に話を理解するようになっていき、言葉による伝え合いができるようにすること。
（3）絵本や物語などで、その内容と自分の経験とを結び付けたり、想像を巡らせたりするなど、楽しみを十分に味わうことによって、次第に豊かなイメージをもち、言葉に対する感覚が養われるようにすること。
（4）幼児が生活の中で、言葉の響きやリズム、新しい言葉や表現などに触れ、これらを使う楽しさを味わえるようにすること。その際、絵本や物語に親しんだり、言葉遊びなどをしたりすることを通して、言葉が豊かになるようにすること。
（5）幼児が日常生活の中で、文字などを使いながら思ったことや考えたことを伝える喜びや楽しさを味わい、文字に対する興味や関心をもつようにすること。

表現
〔感じたことや考えたことを自分なりに表現することを通して、豊かな感性や表現する力を養い、創造性を豊かにする。〕
1 ねらい
（1）いろいろなものの美しさなどに対する豊かな感性をもつ。
（2）感じたことや考えたことを自分なりに表現して楽しむ。
（3）生活の中でイメージを豊かにし、様々な表現を楽しむ。
2 内容
（1）生活の中で様々な音、形、色、手触り、動きなどに気付いたり、感じたりするなどして楽しむ。
（2）生活の中で美しいものや心を動かす出来事に触れ、イメージを豊かにする。
（3）様々な出来事の中で、感動したことを伝え合う楽しさを味わう。

（4）感じたこと、考えたことなどを音や動きなどで表現したり、自由にかいたり、つくったりなどする。
（5）いろいろな素材に親しみ、工夫して遊ぶ。
（6）音楽に親しみ、歌を歌ったり、簡単なリズム楽器を使ったりなどする楽しさを味わう。
（7）かいたり、つくったりすることを楽しみ、遊びに使ったり、飾ったりなどする。
（8）自分のイメージを動きや言葉などで表現したり、演じて遊んだりするなどの楽しさを味わう。

3　内容の取扱い

上記の取扱いに当たっては、次の事項に留意する必要がある。

（1）豊かな感性は、身近な環境と十分に関わる中で美しいもの、優れたもの、心を動かす出来事などに出会い、そこから得た感動を他の幼児や教師と共有し、様々に表現することなどを通して養われるようにすること。その際、風の音や雨の音、身近にある草や花の形や色など自然の中にある音、形、色などに気付くようにすること。

（2）幼児の自己表現は素朴な形で行われることが多いので、教師はそのような表現を受容し、幼児自身の表現しようとする意欲を受け止めて、幼児が生活の中で幼児らしい様々な表現を楽しむことができるようにすること。

（3）生活経験や発達に応じ、自ら様々な表現を楽しみ、表現する意欲を十分に発揮させることができるように、遊具や用具などを整えたり、様々な素材や表現の仕方に親しんだり、他の幼児の表現に触れられるよう配慮したりし、表現する過程を大切にして自己表現を楽しめるように工夫すること。

第3章　教育課程に係る教育時間の終了後等に行う教育活動などの留意事項

1　地域の実態や保護者の要請により、教育課程に係る教育時間の終了後等に希望する者を対象に行う教育活動については、幼児の心身の負担に配慮するものとする。また、次の点にも留意するものとする。

（1）教育課程に基づく活動を考慮し、幼児期にふさわしい無理のないものとなるようにすること。その際、教育課程に基づく活動を担当する教師と緊密な連携を図るようにすること。

（2）家庭や地域での幼児の生活も考慮し、教育課程に係る教育時間の終了後等に行う教育活動の計画を作成するようにすること。その際、地域の人々と連携するなど、地域の様々な資源を活用しつつ、多様な体験ができるようにすること。

（3）家庭との緊密な連携を図るようにすること。その際、情報交換の機会を設けたりするなど、保護者が、幼稚園と共に幼児を育てるという意識が高まるようにすること。

（4）地域の実態や保護者の事情とともに幼児の生活のリズムを踏まえつつ、例えば実施日数や時間などについて、弾力的な運用に配慮すること。

（5）適切な責任体制と指導体制を整備した上で行うようにすること。

2　幼稚園の運営に当たっては、子育ての支援のために保護者や地域の人々に機能や施設を開放して、園内体制の整備や関係機関との連携及び協力に配慮しつつ、幼児期の教育に関する相談に応じたり、情報を提供したり、幼児と保護者との登園を受け入れたり、保護者同士の交流の機会を提供したりするなど、幼稚園と家庭が一体となって幼児と関わる取組を進め、地域における幼児期の教育のセンターとしての役割を果たすよう努めるものとする。その際、心理や保健の専門家、地域の子育て経験者等と連携・協働しながら取り組むよう配慮するものとする。

幼稚園及び特別支援学校幼稚部における指導要録の改善について（通知）

平成30年3月30日　29文科初第1814号

　幼稚園及び特別支援学校幼稚部（以下「幼稚園等」という。）における指導要録は、幼児の学籍並びに指導の過程及びその結果の要約を記録し、その後の指導及び外部に対する証明等に役立たせるための原簿となるものです。

　今般の幼稚園教育要領及び特別支援学校幼稚部教育要領の改訂に伴い、文部科学省では、各幼稚園等において幼児理解に基づいた評価が適切に行われるとともに、地域に根ざした主体的かつ積極的な教育の展開の観点から、各設置者等において指導要録の様式が創意工夫の下決定され、また、各幼稚園等により指導要録が作成されるよう、指導要録に記載する事項や様式の参考例についてとりまとめましたのでお知らせします。

　つきましては、下記に示す幼稚園等における評価の基本的な考え方及び指導要録の改善の要旨等並びに別紙1及び2、別添資料1及び2（様式の参考例）に関して十分御了知の上、都道府県教育委員会におかれては所管学校及び域内の市町村教育委員会に対し、都道府県知事におかれては所轄の学校に対し、各国立大学法人学長におかれてはその管下の学校に対して、この通知の趣旨を十分周知されるようお願いします。

　また、幼稚園等と小学校、義務教育学校の前期課程及び特別支援学校の小学部（以下「小学校等」という。）との緊密な連携を図る観点から、小学校等においてもこの通知の趣旨の理解が図られるようお願いします。

　なお、この通知により、平成21年1月28日付け20文科初第1137号「幼稚園幼児指導要録の改善について（通知）」、平成21年3月9日付け20文科初第1315号「特別支援学校幼稚部幼児指導要録の改善について（通知）」は廃止します。

記

1　幼稚園等における評価の基本的な考え方

　幼児一人一人の発達の理解に基づいた評価の実施に当たっては、次の事項に配慮すること。

（1）指導の過程を振り返りながら幼児の理解を進め、幼児一人一人のよさや可能性などを把握し、指導の改善に生かすようにすること。その際、他の幼児との比較や一定の基準に対する達成度についての評定によって捉えるものではないことに留意すること。

（2）評価の妥当性や信頼性が高められるよう創意工夫を行い、組織的かつ計画的な取組を推進するとともに、次年度又は小学校等にその内容が適切に引き継がれるようにすること。

2　指導要録の改善の要旨

　「指導上参考となる事項」について、これまでの記入の考え方を引き継ぐとともに、最終学年の記入に当たっては、特に小学校等における児童の指導に生かされるよう、「幼児期の終わりまでに育ってほしい姿」を活用して幼児に育まれている資質・能力を捉え、指導の過程と育ちつつある姿を分かりやすく記入することに留意するよう追記したこと。このことを踏まえ、様式の参考例を見直したこと。

3　実施時期

　この通知を踏まえた指導要録の作成は、平成30年度から実施すること。なお、平成30年度に新たに入園、入学（転入園、転入学含む。）、進級する幼児のために指導要録の様式を用意している場合には様式についてはこの限りではないこと。

　この通知を踏まえた指導要録を作成する場合、既に在園、在学している幼児の指導要録については、従前の指導要録に記載された事項を転記する必要はなく、この通知を踏まえて作成された指導要録と併せて保存すること。

4　取扱い上の注意

（1）指導要録の作成、送付及び保存については、学校教育法施行規則（昭和22年文部省令第11号）第24条及び第28条の規定によること。なお、同施行規則第24条第2項により小学校等の進学先に指導要録の抄本又は写しを送付しなければならないことに留意すること。

（2）指導要録の記載事項に基づいて外部への証明等を作成する場合には、その目的に応じて必要な事項だけを記載するよう注意すること。

（3）配偶者からの暴力の被害者と同居する幼児については、転園した幼児の指導要録の記述を通じて転園先、転学先の名称や所在地等の情報が配偶者（加害者）に伝わることが懸念される場合がある。このような特別の事情がある場合には、平成21年7月13日付け21生参学第7号「配偶者からの暴力の被害者の子どもの就

学について（通知）」を参考に、関係機関等との連携を図りながら、適切に情報を取り扱うこと。
（4）評価の妥当性や信頼性を高めるとともに、教師の負担感の軽減を図るため、情報の適切な管理を図りつつ、情報通信技術の活用により指導要録等に係る事務の改善を検討することも重要であること。なお、法令に基づく文書である指導要録について、書面の作成、保存、送付を情報通信技術を活用して行うことは、現行の制度上も可能であること。
（5）別添資料1及び2（様式の参考例）の用紙や文字の大きさ等については、各設置者等の判断で適宜工夫できること。

5 　幼稚園型認定こども園における取扱い上の注意
　幼稚園型認定こども園においては、「幼保連携型認定こども園園児指導要録の改善及び認定こども園こども要録の作成等に関する留意事項等について（通知）」（平成30年3月30日付け府子本第315号・29初幼教第17号・子保発0330第3号）を踏まえ、認定こども園こども要録の作成を行うこと。なお、幼稚園幼児指導要録を作成することも可能であること。

幼稚園幼児指導要録に記載する事項

○学籍に関する記録
　学籍に関する記録は、外部に対する証明等の原簿としての性格をもつものとし、原則として、入園時及び異動の生じたときに記入すること。

1 　幼児の氏名、性別、生年月日及び現住所

2 　保護者（親権者）氏名及び現住所

3 　学籍の記録
（1）入園年月日
（2）転入園年月日
　他の幼稚園や特別支援学校幼稚部、保育所、幼保連携型認定こども園等から転入園してきた幼児について記入する。
（3）転・退園年月日
　他の幼稚園や特別支援学校幼稚部、保育所、幼保連携型認定こども園等へ転園する幼児や退園する幼児について記入する。
（4）修了年月日

4 　入園前の状況
　保育所等での集団生活の経験の有無等を記入すること。

5 　進学先等
　進学した小学校等や転園した幼稚園、保育所等の名称及び所在地等を記入すること。

6 　園名及び所在地

7 　各年度の入園（転入園）・進級時の幼児の年齢、園長の氏名及び学級担任の氏名
　各年度に、園長の氏名、学級担任者の氏名を記入し、それぞれ押印する。（同一年度内に園長又は学級担任者が代わった場合には、その都度後任者の氏名を併記する。）
　なお、氏名の記入及び押印については、電子署名（電子署名及び認証業務に関する法律（平成12年法律第102号）第2条第1項に定義する「電子署名」をいう。）を行うことで替えることも可能である。

○指導に関する記録
　指導に関する記録は、1年間の指導の過程とその結果を要約し、次の年度の適切な指導に資するための資料としての性格をもつものとすること。

1 　指導の重点等
　当該年度における指導の過程について次の視点から記入すること。
（1）学年の重点
　年度当初に、教育課程に基づき長期の見通しとして設定したものを記入すること。
（2）個人の重点
　1年間を振り返って、当該幼児の指導について特に重視してきた点を記入すること。

2 　指導上参考となる事項

（1）次の事項について記入すること。
　① 1年間の指導の過程と幼児の発達の姿について以下の事項を踏まえ記入すること。
　・幼稚園教育要領第2章「ねらい及び内容」に示された各領域のねらいを視点として、当該幼児の発達の実情から向上が著しいと思われるもの。その際、他の幼児との比較や一定の基準に対する達成度についての評定によって捉えるものではないことに留意すること。
　・幼稚園生活を通して全体的、総合的に捉えた幼児の発達の姿。
　② 次の年度の指導に必要と考えられる配慮事項等について記入すること。
　③ 最終年度の記入に当たっては、特に小学校等における児童の指導に生かされるよう、幼稚園教育要領第1章総則に示された「幼児期の終わりまでに育ってほしい姿」を活用して幼児に育まれている資質・能力を捉え、指導の過程と育ちつつある姿を分かりやすく記入するように留意すること。その際、「幼児期の終わりまでに育ってほしい姿」が到達すべき目標ではないことに留意し、項目別に幼児の育ちつつある姿を記入するのではなく、全体的、総合的に捉えて記入すること。
（2）幼児の健康の状況等指導上特に留意する必要がある場合等について記入すること。

3　出欠の状況

（1）教育日数
　1年間に教育した総日数を記入すること。この教育日数は、原則として、幼稚園教育要領に基づき編成した教育課程の実施日数と同日数であり、同一年齢の全ての幼児について同日数であること。ただし、転入園等をした幼児については、転入園等をした日以降の教育日数を記入し、転園又は退園をした幼児については、転園のため当該施設を去った日又は退園をした日までの教育日数を記入すること。
（2）出席日数
　教育日数のうち当該幼児が出席した日数を記入すること。

4　備　考

　教育課程に係る教育時間の終了後等に行う教育活動を行っている場合には、必要に応じて当該教育活動を通した幼児の発達の姿を記入すること。

＜指導要録の送付について＞

1 進学先への抄本または写しの送付

　園長は、幼児が進学した場合においては、その作成に係る当該幼児の指導要録（以下原本という。）の抄本または写しを作成し、これを進学先の小学校長に送付すること。　　　　（学校教育法施行規則第24条②参照）
　進学する幼児が他の幼稚園から転園してきた場合には、転園により送付を受けた指導要録の写しの抄本をあわせて送付する。（ただし、転園先からの指導要録の写しの抄本に記載する事項を、原本の抄本にあわせて記載し、抄本を1通にしてもさしつかえない）
　　　　　　　（学校教育法施行規則第24条③参照）
（Ⅰ）指導要録の原本は幼稚園に保存し、その「抄本」または「写し」を進学先の小学校長に送付する。
（Ⅱ）進学する幼児が他の幼稚園から転入した幼児の場合は、前の幼稚園長から送付されてきた「写し」についてもその「抄本」を作成し、あわせて送付する。ただし、「写し」の内容を原本の抄本とあわせて記載し、1枚にしてもよい。

2 転園、転入園の場合

転園の場合

　園長は、幼児が転園した場合においては、原本の写しを作成し、それを転園先の園長に送付すること。転園した幼児がさらに転園した場合においては、原本の写しと転園により送付を受けた写しとを送付すること。
　　　　　　　（学校教育法施行規則第24条③参照）

転入園の場合

　園長は、幼児が転園してきた場合においては、当該幼児が入園した旨およびその期日を、すみやかに、前に在園していた幼稚園の園長に連絡し、当該幼児の指導要録の写しの送付を受けること。
　なお、この場合、園長は、新たに当該幼児の指導要録を作成するものとし、送付を受けた写しに記入してはならない。

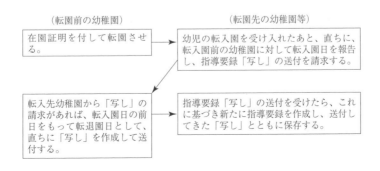

〈表簿の記入方法について〉

1　出席簿の記入方法

出席簿の形式はいろいろなものが使用されています。記入方法も特に定めはありませんが、次のような記号で記入しておくと便利です。

　出席……空欄にしておく。
　欠席……斜線を1本、右から左へ引く。
　遅刻……×印をつける。
　　　　　欠席の印の上に左から右の斜線を入れるとよい。
　早退……○印をつける。
　忌引……キ印をつける。
　出席停止……テ印をつける。

県によっては、県の条例で定めている所もありますが、この場合はそれによらなければなりません。
（記入例）
　事故欠……／印　病欠……×印　早退……ハ印
　遅刻……チ印　忌引……キ印

2　健康診断票の記入方法

1 「年齢」の欄　定期の健康診断が行われる学年の始まる前日に達する年齢を記入する。

2 「身長」「体重」及び「胸囲」の欄　測定単位は、小数第1位までを記入する。

3 「栄養状態」の欄　栄養不良又は肥満傾向で特に注意を要すると認めた者を「要注意」と記入する。

4 「四肢の状態」の欄　四肢の形態及び発育並びに運動器の機能の状態について記入します。

5 「脊柱・胸郭」の欄　病名又は異常名を記入する。

6 「視力」の欄　裸眼視力はかっこの左側に、矯正視力はかっこ内に記入する。この場合において、視力の検査結果が1.0以上であるときは「A」、1.0未満0.7以上であるときは「B」、0.7未満0.3以上であるときは「C」、0.3未満であるときは「D」と記入して差し支えない。

7 「眼の疾病及び異常」の欄　病名又は異常名を記入する。検査の結果、色覚に問題のある者については、その旨を記入する。

8 「聴力」の欄　1,000Hzにおいて30dB又は4,000Hzにおいて25dB（聴力レベル表示による）を聴取できない者については、○印を記入する。なお、上記の者について、さらに聴力レベルを検査したいときは、併せてその聴力レベルデシベルを記入する。

9 「耳鼻咽頭疾患」及び「皮膚疾患」の欄　病名又は異常名を記入する。

10 「歯」の欄　次による。
イ　「う歯数」
（1）「処置」　乳歯と永久歯のう歯のうち、処置歯の数を記入する。
（2）「未処置」　乳歯と永久歯のう歯のうち、未処置歯の数を記入する。
ロ　「その他の歯疾」
　要注意乳歯、不正咬合（不正咬合であって、矯正手術、徒手的矯正、不良習慣の除去等の処置を要すると認められるもの）等のある者については、その旨を記入する。

11 「口腔の疾病等」の欄　病名又は異常名を記入する。

12 「歯式」の欄　次による。
イ　現在歯、う歯、喪失歯、要注意乳歯及び要観察歯は、記号を用いて、歯式の該当歯の該当記号を附する。
ロ　現在歯は乳歯、永久歯とも該当歯を斜線又は連続横線で消す。
ハ　喪失歯は永久歯の喪失歯のみとする。
ニ　要注意乳歯は、保存の適否を慎重に考慮する必要があると認められる乳歯とする。
ホ　う歯は、乳歯、永久歯ともに処置歯（O）又は未処置歯（C）に区分する。
ヘ　処置歯（O）とは、充填（ゴム充填を除く）、補綴（金属冠、継続歯、架工義歯の支台等）によって歯の機能を営むことができると認められるものとする。ただし、う歯の治療中のもの及び処置がしてあるがう歯の再発等によって処置を要するものは未処置とする。
ト　永久歯の未処置歯（C）は、ただちに処置を必要とするものとする。
チ　要観察歯（CO）とは、探針を用いての触診ではう

歯とは判定しにくいが初期病変の疑いのあるもの。小窩裂溝の着色や粘性が触知され、又は、平滑面における脱灰を疑わせる白濁や褐色斑が認められるが、エナメル質の軟化、実質欠損が確認できないものである。

13「心臓の疾病等」の欄　病名又は異常名を記入する。

14「尿」の欄　「蛋白第一次」の欄には蛋白第一次の検査の結果を、＋等の記号で記入し、「その他の検査」の欄には蛋白若しくは糖の第二次検査又は潜血検査等の検査を行った場合の検査項目名及び検査結果を記入する。

15「寄生虫卵」の欄　保有する寄生虫卵の寄生虫名を記入する。

16「その他の疾病等」の欄　病名又は異常名を記入する。

17「園医」の欄　学校保健法施行規則第７条の規定によって園においてとるべき事後措置に関連して園医が必要と認める所見を記入押印し、押印した月日を記入する。

18「歯科医」の欄　規則第７条の規定によって、園においてとるべき事後処置に関連して歯科医が必要と認める所見を記入押印し、押印した月日を記入する。
　要観察歯がある場合には、歯式欄に加えこの欄にも（CO）と記入する。また、歯垢と歯肉の状態を総合的に判断して、歯周疾患要観察者の場合は（GO）、歯科医による診断と治療が必要な場合は（G）と記入する。歯周疾患要観察者（GO）とは、歯肉に軽度の炎症症候が認められているが、歯石沈着は認められず、注意深いブラッシングを行うことによって炎症症候が消退するような歯肉の保有者をいう。

19「事後処置」の欄　規則第７条の規定によって園においてとるべき事後措置を具体的に記入する。

20「備考」の欄　健康診断に関し必要のある事項を記入する。

〈出欠の記録についての参考事項〉

1　感染症の種類

　第18条　学校において予防すべき感染症の種類は、次のとおりとする。
1　第1種　エボラ出血熱、クリミア・コンゴ出血熱、痘そう、南米出血熱、ペスト、マールブルグ病、ラッサ熱、急性灰白髄炎、ジフテリア、重症急性呼吸器症候群（病原体がベータコロナウイルス属SARSコロナウイルスであるものに限る。）、中東呼吸器症候群（病原体がベータコロナウイルス属MERSコロナウイルスであるものに限る。）及び特定鳥インフルエンザ（感染症の予防及び感染症の患者に対する医療に関する法律（平成10年法律第114号）第6条第3項第6号に規定する特定鳥インフルエンザをいう。次号及び第19条第2号イにおいて同じ。）
2　第2種　インフルエンザ（特定鳥インフルエンザを除く。）、百日咳、麻しん、流行性耳下腺炎、風しん、水痘、咽頭結膜熱、結核及び髄膜炎菌性髄膜炎
3　第3種　コレラ、細菌性赤痢、腸管出血性大腸菌感染症、腸チフス、パラチフス、流行性角結膜炎、急性出血性結膜炎その他の感染症
2　感染症の予防及び感染症の患者に対する医療に関する法律第6条第7項から第9項までに規定する新型インフルエンザ等感染症、指定感染症及び新感染症は、前項の規定にかかわらず、第1種の感染症とみなす。

2　出席停止の期間の基準

　第19条　令第6条第2項の出席停止の期間の基準は、前条の感染症の種類に従い、次のとおりとする。
1　第1種の感染症にかかった者については、治癒するまで。
2　第2種の感染症（結核及び髄膜炎菌性髄膜炎を除く。）にかかった者については、次の期間。ただし、病状により学校医その他の医師において感染のおそれがないと認めたときは、この限りでない。
イ　インフルエンザ（特定鳥インフルエンザ及び新型インフルエンザ等感染症を除く。）にあっては、発症した後5日を経過し、かつ、解熱した後2日（幼児にあっては、3日）を経過するまで。
ロ　百日咳にあっては、特有の咳が消失するまで又は5日間の適正な抗菌性物質製剤による治療が終了するまで。
ハ　麻しんにあっては、解熱した後3日を経過するまで。
ニ　流行性耳下腺炎にあっては、耳下腺、顎下腺又は舌下腺の腫脹が発現した後5日を経過し、かつ、全身状態が良好になるまで。
ホ　風しんにあっては、発しんが消失するまで。
ヘ　水痘にあっては、すべての発しんが痂皮化するまで。
ト　咽頭結膜熱にあっては、主要症状が消退した後2日を経過するまで。
3　結核、髄膜炎菌性髄膜炎及び第三種の感染症にかかった者については、病状により学校医その他の医師において感染のおそれがないと認めるまで。
4　第1種若しくは第2種の感染症患者のある家に居住する者又はこれらの感染症にかかっている疑いがある者については、予防処置の施行の状況その他の事情により学校医その他の医師において感染のおそれがないと認めるまで。
5　第1種又は第2種の感染症が発生した地域から通学する者については、その発生状況により必要と認めたとき、学校医の意見を聞いて適当と認める期間。
6　第1種又は第2種の感染症の流行地を旅行した者については、その状況により必要と認めたとき、学校医の意見を聞いて適当と認める期間。

〔学校保健安全法施行規則（抄）第3章 感染症の予防〕より
昭和33年6月13日文部省令第18号
最終改正：平成28年3月22日文部科学省令第4号

3　忌引について

　忌引は近親者が死亡した時に休んで喪に服することであるが、幼児の忌引日数にははっきりした基準がない。およそ職員に準ずればよい。東京都教育委員会では、「幼児の忌引日数を合計して記入すること。なお、幼児の忌引日数については、東京都学校職員の勤務時間、休日、休暇等に関する条例の忌引の規定等を参考にして、幼稚園で規定しておくことが望ましい。」と基準を示している。
死亡した者が、
一親等の直系尊属（父母）………7日
二親等の直系尊属（祖父母）……3日
二親等の傍系者（兄弟姉妹）……3日
三親等の直系尊属（曾祖父母）…1日
三親等の傍系尊属（伯叔父母）…1日

4　発育平均値

項目 年齢	身長(cm)		体重(kg)	
	男	女	男	女
3歳	95.6	95.7	13.8	13.9
4歳	103.7	102.9	16.4	16.5
5歳	111.1	110.2	19.3	19.0
6歳	117.0	116.0	21.8	21.3

3・4歳児は、令和元年国民健康・栄養調査（厚生労働省調べ）による。
5・6歳児は、令和4年度学校保健統計調査（文部科学省調べ）による。

教務手帳／幼児の記録

2024年2月15日　新版初版第4刷　　　　　　　　定価　本体1370円＋税

1969年10月10日	旧初版
1979年4月20日	新訂版第1刷
1990年4月20日	初版第1刷
2009年4月30日	改訂版第1刷
2019年2月15日	新版初版第1刷

編　集／公益財団法人 幼少年教育研究所
　　　　　幼児指導要録研究委員会
　　　　　代表　大澤　力（東京家政大学教授）
発行人／西村保彦
発行所／鈴木出版株式会社
　　　　　〒101-0051 東京都千代田区神田神保町2-3-1
　　　　　　　　　　岩波書店アネックスビル5F
　　　　　TEL 03(6272)8001(代)　FAX 03(6272)8016
　　　　　振替　00110-0-34090
　　　　　ホームページ　http://www.suzuki-syuppan.co.jp/
印刷所／株式会社ウィル・コーポレーション